**小狐兔漫画科普**

# 有用的知识又增加了

## 身体小百科

在下小狐兔
- 著 -

陕西新华出版传媒集团
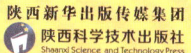
陕西科学技术出版社

# 目录

 为什么睡一半突然腿抽筋？有办法缓解吗？ - 1

 你还能长高吗？成年后还能逆袭增高吗？ - 13

 为什么我们闻不到自己的口臭？ - 25

 为什么打呵欠会传染？ - 33

 手指泡水久了会变皱，是怎么回事？ - 41

 可乐、雪碧傻傻分不清楚，我的味觉去哪儿了？ - 51

 脸大可能不是胖的，而是"发腮"！
"发腮"到底是怎么回事？ － 61

 为什么住在一起就会越来越"像"？ － 69

 真的有"喝水都长肉"的易胖体质吗？ － 79

 "鬼压床"的"鬼"是什么？ － 89

 睡觉磨牙，到底是身体哪里出了问题？ － 97

 为什么打呼噜的人吵不醒自己？ － 107

为什么越睡越困，怎么都睡不够？ - *115*

每个人的身上都有毛毛，
为啥我天生是卷毛？ - *125*

为什么会"脸盲"，看谁都一个样？ - *135*

为什么掰手指会"咔咔"响，会得关节炎吗？ - *145*

普通感冒一定要吃药吗？ - *155*

为什么久蹲后站起来会突然两眼发黑？ - *163*

 为什么会有狐臭？ - 171

 为什么年纪轻轻就长白头发？还能黑回来吗？ - 181

 为什么有人白不了，有人晒不黑？ - 191

 听说过熬夜过劳猝死，你可听过因为便秘而猝死吗？ - 201

 鼻炎患者自救指南 - 211

 参考文献 - 221

大家好……我是半夜腿抽筋的小狐兔。

你们都因为什么惊醒过?

噩梦?"鬼压床"?

还是闹铃声?

有用的知识又增加了

最近弄醒我的不是这些,
而是那气人的腿抽筋。

会半夜腿抽筋的人,
请继续向下看。

抽筋硬是把你从美梦中揪醒,像有人拧着、掐着你的小腿肚。

**又酸又胀,疼得打滚,怀疑兔生。**
但有时过几分钟又会自行缓解。

呜——我的鸡腿!

肌肉痉挛，俗称抽筋，是肌肉的自发强直性收缩。

## 到底为什么会半夜腿抽筋？

一是 **缺钙** 啦

小时候腿抽筋，家长会说，这是要长高了，是缺钙的表现。

当血液中的钙离子浓度太低时，肌肉容易因兴奋而痉挛。

一缺钙,肌肉就"暴走"抗议,于是就动不动开始抽筋。

这也叫作 **低血钙性抽搐**

该症状一般出现在钙需求量较高的儿童或者钙吸收能力较弱的老人身上。

咳,我不管,我永远18岁。

缺钙一定是因为在"长高高"。

缺啥补啥

当然,也别一抽筋就狂吃钙片,
补钙过量可能会影响
肠道对营养物质的吸收,
严重的甚至可能会导致高钙血症。
而且补钙过多还会加重
肾脏代谢压力,
可能会得结石哦。

你好,很高兴结识(石)你。

二是 **着凉** 啦

在寒冷的环境中,
大脑会发出信号。

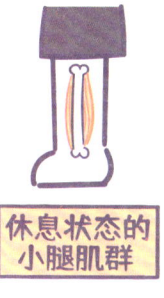
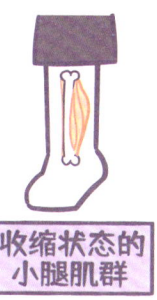

让骨骼肌阵发性收缩，以产生更多的热量维持体温。

动一动就暖和了，不要像个老太太！

小腿骨骼肌频繁收缩产热，抽筋就产生了。

有用的知识又增加了

如果你碰巧白天做了运动,
但没有及时按摩放松,
那"恭喜"你——

小腿肌肉内形成
乳酸堆积。

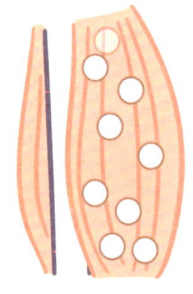

白天过度运动,
晚上冷风嗖嗖,
兔不抽筋谁抽筋。

不过,碰到腿抽筋也不用太紧张。
脚掌勾起,
用力拉伸小腿1~2分钟,
就能有效缓解疼痛。

但是,腿抽筋也可能是神经系统
或心脑血管疾病的表现。
如果除了频繁抽筋(肌肉痉挛),
还出现了其他症状,
**一定要及时去医院检查哦!**

神经系统疾病

心脑血管疾病

**有用的知识又增加了**

### 小狐兔贴士

#### 日常生活中如何补钙？

你以为补钙只是老年人的事？那可就错了。日常生活中，我们每个人都要合理饮食，保证钙的充足吸收。日常生活中，我们可以这样做：

1. 认准钙含量高的食物。多吃奶制品和豆制品，以及深色蔬菜。值得注意的是，菠菜中含有草酸，而草酸会影响钙的吸收，因此食用菠菜前，可以先焯水去除草酸。

2. 选择钙片来补钙时，最好搭配维生素D。维生素D可以加速钙的分解，促进钙的吸收。

大家都多高呀?
我是希望自己再长高一点的小狐兔。

看!裤子变短了,我长高了!

是你裤子缩水了……

看!被子短了,我长高了!

说了多少次,不要横着盖被子!

有用的知识又增加了

乘坐地铁路过学校时,
看到初中生一个个都"窜"到了一米八。

羡慕蒙蔽了我的双眼,
耳朵真的不能算进身高吗?
到底成年之后还有机会长高吗?
答案是——
**完全有可能!**

与身高相关的主要有头骨、脊柱、下肢长骨三部分。

头骨长高基本没指望，所以只能把头发吹高。

脊柱生长周期比较长，而且长得太慢啦，也不能指望。

有用的知识又增加了

以上两个都不行,那只能靠下肢长骨了。

下肢长骨主要由**大腿**、**小腿**两根长骨组成。
中间细细长长的部分是**骨干**,两端膨大的部分是**骨骺**( hóu )。
骨干和骨骺之间的一段骨头叫干骺端。
骨骺与干骺端之间有一种薄板波浪状的软骨组织,
是**骺板**,也叫**生长板**。

听绰号就知道我是"长高高"的关键。

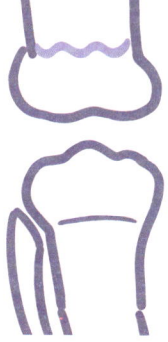

骺板通过分裂增殖、骨化，能使骨干不断"长长长"。在骨干完成生长后，骺板活动停止，自身完全骨化，也就是人们常说的骨骺线**完全闭合**。

长高的大门也就此关闭了。

所以，**长高和年龄没有绝对关系**，关键取决于骨骺线是否闭合，去医院拍张 X 光片就知道啦。

如果你的骨骺线还没消失，那么恭喜你！

**适当锻炼，吃好睡饱，注意体态。**
说不定下一个"一米八"就是你。

但如果骨骺线已经完全闭合，那还是及时放弃吧。

别想着"断骨增高""生长激素"之类的旁门左道，这些不仅没有用，还会给我们的健康带来伤害！

还不如挺直腰板,调整体态。
比例好、体态好才是最重要的。

## 小狐兔贴士

### 青春期长高小妙招

与其成年后努力,不如抓住青春期的"长高小火箭"。收好这份青春期长高小贴士,长高快人一步。

转骨期是青少年生长发育的高峰期,是骨骼生长、身体增高的黄金时期,主要分为三个阶段:8~9岁为准备成长期,10~17岁为黄金成长期,18~22岁为巩固成长期。一般来说,女生发育会稍早于男生,不同个体也会有不同的差异。

青春期长高的秘诀就是:吃得好,睡得好,动得多,心情好。

饮食方面要注意补充蛋白质,合理膳食,不是光吃肉就能长高哦!

睡眠方面,夜晚是长高的关键时期。青春期的孩子应尽量保证在晚上10点前入睡。

运动也是很必要的。据统计,同性别、同年龄段的孩子,经常运动的要比不运动的长得高。

但是,也不需要为了长高而过度焦虑,保持心情愉快也是长高的秘诀之一哦。

**大家好！这里是喜欢吃超凉薄荷糖再大吸一口气的小狐兔。**

你身边有没有这样的朋友？
聊天时，他的嘴里总是飘着
幽幽的臭味，
像是放了一周的馊饭菜。

讲到激动时臭味还会升级，
但是自己却完全没感觉。

### 有用的知识又增加了

不好意思当面指出，
只能摸摸鼻子，假装沉思，
或者快速撤离现场。
为什么嘴已经臭到这个程度，
本人却像鼻塞似的什么都闻不到呢？

一是因为嗅神经分布在鼻腔中，而不是嘴巴里。
所以鼻子只能闻到别人嘴里的臭味，
而很难闻到自己嘴里的味道。

**90%**

二是因为 90% 的口臭是口源性口臭。
塞在牙缝的食物残渣
和细菌"拉拉手"成为"好朋友",
快速在牙缝里变质发臭;
口腔疾病也会导致嘴里有异味。
但因为这些味道不明显,所以一般很难自我察觉。

想知道自己有没有口臭,有三个方法,
一起试一下吧!

1. 舔一下手背,等干后闻一闻,这就是你嘴里的味道。
2. 戴上口罩,呼——吸——
3. 终极大法:随机挑个"幸运"小伙伴……

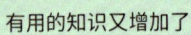

1　　2

结果是"香"的选1,"臭"的选2!

虽然口臭一般臭不到自己,
但谁都不乐意一开口就变身"生化武器"。

想口吐芬芳也不难,保持牙齿干净清爽,

**认真刷牙、饭后漱口,**

再搭配牙线或水牙线。

# 口臭自然就消失啦!

值得注意的是,上面这些方法适用于口源性口臭,如果是非口源性口臭或生理性口臭,还是要及时看医生,才能消除口臭哦!

### 小狐兔贴士

#### 人为什么会口臭？

口臭可以分为病理性口臭和生理性口臭。病理性口臭又分为口源性口臭和非口源性口臭。90%的口臭都属于口源性口臭，只要做好口腔清洁，保持口腔健康，口臭就会消失了。

非口源性口臭的原因很复杂。消化性溃疡、扁桃体化脓、幽门螺杆菌感染等都有可能引发口臭。如果排除了自己是口源性口臭，可以结合其他症状去医院就医。

还有一类是生理性口臭，比如吃了大蒜、臭豆腐、螺蛳粉这种气味较大的食物产生的口臭。这个时候有几种方法可以去除：①嚼几片茶叶；②咀嚼面包或者馒头等淀粉类食物；③用柠檬汁或者漱口水漱口。

小狐兔漫画科普·身体小百科

嗨！我是最近睡饱饱的小狐兔。

妈妈，我最近有早睡啦，不困。

真的不困呢。

你有没有发现，如果有一个人打呵欠，那么周围的呵欠声就像被推倒的**多米诺骨牌**，根本停不下来。

有用的知识又增加了

即使不困,也会忍不住张开嘴。
有同感的请举手。
难道呵欠也会"一个传染俩"?

打呵欠出现"人传人"现象的原因,主要有两种说法:

第一种说法是 **变色龙效应**

又叫作无意识模仿,指人会在无意识情况下模仿别人。

无意识模仿

唉,太短了,没法跷。

比如看到朋友跷二郎腿,你也会下意识跷起来。

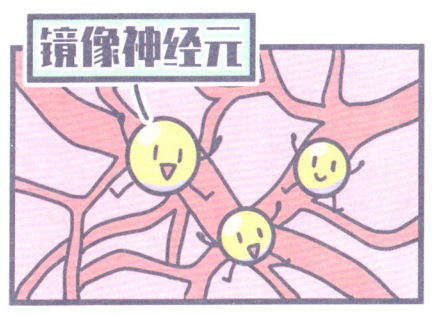

这种**无意识模仿**主要源于大脑中的**镜像神经元**。

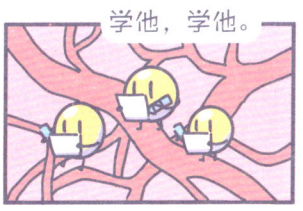

当我们看到别人打呵欠时,大脑中的镜像神经元就开始工作,于是我们会不由自主地做出相同的动作。

第二种说法认为,"传染性"打呵欠的原因是

共情能使我们和对方感同身受。

有用的知识又增加了

你快乐我也快乐,你困了我也困了。
关系越亲密、越熟悉,
呵欠就越容易"传染"。

不过,打呵欠并不是什么坏事。
普林斯顿大学的研究证明,
打呵欠可以帮助大脑降温,
就像开了散热器。

打呵欠时,下颌拉伸增加了
流向大脑的血液,
血液与吸入的外界空气交换热量,
帮助大脑降温。

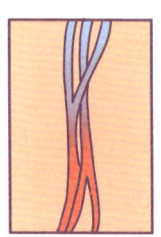

吸入的冷空气,也可以使血液温度下降,促进血液循环,防止大脑缺氧。

打呵欠虽好,但也得悠着点儿。
不然就容易"咔——"
下巴脱臼(即颞下颌关节脱位),
如果出现这种情况,就得去医院了。

## 小狐兔贴士

### 变色龙效应

变色龙效应也叫无意识模仿，指人们在社会交往中会无意识地相互模仿对方的一些表情、动作和行为方式。

根据以西方人为研究对象的数据表明，在西方人群体中，变色龙效应是普遍存在的。在不知不觉中，人们会模仿其他人的动作、表情，这种"变色龙"模式，可以帮助人们更好地在群体中生活和学习。

手指泡水久了会变皱，
是怎么回事？

大家好！我是喜欢泡澡的小狐兔。
天气一冷，
恨不得天天泡在热水里。

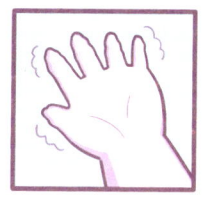 

咦？好怪哦……

再看一眼，怪……怪可爱的。

泡的时间长了，
手脚就变得皱皱巴巴。

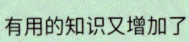 有用的知识又增加了

你第一次发现这个现象是几岁?

## 为什么在水里泡久了,手指就会起皱?

很长一段时间,大家都认为,这是因为 → **渗透压**

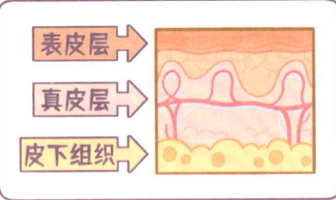

皮肤泡在水里一段时间后,
会一层一层地自主吸水。

皮肤受到挤压，
看起来就像长了皱纹。

这种说法持续了很久。
但也有人质疑，
为什么其他部位的皮肤
没有这种反应？

直到20世纪30年代，
有两名医生发现，
手指神经损伤病人的手，
泡水后不会变皱。

有用的知识又增加了

于是,新的解释出现了。→ **非条件反射**

当我们处于潮湿环境中,
指尖的神经会受到刺激,发出信号。

兔兔又泡澡了,你们别让她滑倒了。

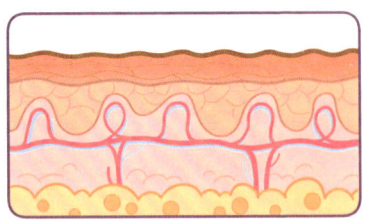

局部毛细血管收缩,
皮肤表面积不变,体积减小,
表面就出现了褶皱。

科学家们也推测，

这种**无意识反应**，

很可能是祖先留给我们的保护机制。

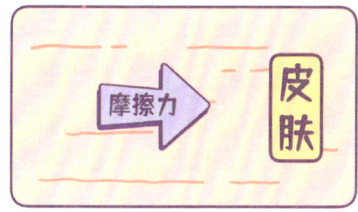

褶皱能够增大皮肤的摩擦力，

让我们在潮湿环境中也可以安全地活动。

**为什么这种现象只在手指、脚趾上出现？**

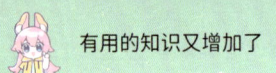

因为这些部位的皮肤有三个特点：

**角质层厚**
**缺少皮脂腺**
**皮下脂肪少**

**角质层厚**：膨胀、收缩的效果比较明显。

**缺少皮脂腺**：油脂少，对水的隔离性差。

**皮下脂肪少**：缺乏弹性，容易发皱。

**是不是解决了你多年的疑惑呢？**

**小狐兔贴士**

### 泡澡有哪些好处呢?

有什么快乐能比得上舒舒服服地泡一个热水澡呢?泡澡都有哪些好处?

1. 缓解疲劳,放松身心。

2. 帮助减肥。身体处在温热的水中,可以加快脂肪燃烧,帮助减肥。但是这不能代替每周必要的运动哦。

3. 改善体质。泡澡可以加速血液循环,加快身体的新陈代谢,缓解局部疼痛。

泡澡虽好,但是时间不宜过长,否则容易缺氧,这是很危险的。

大家好！我是拥有"神之舌"的小狐兔。

我是"超级品尝家"。

听说把鼻子捏住，只靠舌头分不清可乐和雪碧，我不信！

很久很久之后……

**挑战失败！**

咦？舌头明明好好的呀，怎么捏住鼻子就尝不出味道了？你们也有分不清味道的时候吗？

就像感冒时吃什么都不香，得了鼻炎后吃什么都是一个味一样。

这是因为很多味道是我们闻到而不是尝到的。

人的基本味觉只有"酸""甜""苦""咸"4种，其余都是混合味觉，是基本味觉的不同组合。

有用的知识又增加了

嗅觉就不一样了。

鼻子里的嗅觉感受器可以捕捉并分辨成千上万种气味分子，

并通过嗅觉神经把信号传给大脑，这样我们就可以闻到各种各样的气味啦。

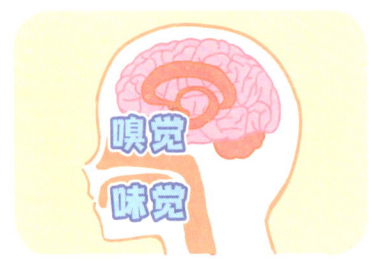

可以说，食物的味道是**嗅觉**和**味觉**共同作用的结果。

当我们捂住鼻子时,嗅觉没有办法发挥它的作用,

而味觉能分辨的味道有限。

所以我们就会觉得一些食物的味道变得很相似,分不清啦。

那为什么我感觉是嘴巴尝到的胡萝卜味?

这是因为平常吃东西时,食物直接刺激了我们的味蕾,

这次是嘴巴?

大脑一时间分不清味道是从哪里来的。

**和你的小伙伴一起做分辨可乐和雪碧的实验吧。**

### 小狐兔贴士

#### 辣是一种味道吗?

研究表明,辣其实并不是一种味道,而是一种痛觉。味觉是指口腔中的食物和味蕾中的味觉感受器发生化学反应产生的感觉,这种反应是在嘴里发生的。而如果你吃了很辣的东西,不光嘴巴可以感觉到,身体的其他部位也能感觉到,比如胃部和肛门。

嗨……我是面临脸大危机的小狐兔。

世上有很多不公平的事。
比如，
猫咪脸大会变得可可爱爱，

兔脸变大却是……

这叫"发腮"，成熟的标志！

有用的知识又增加了

**发腮** → 那么,什么是"发腮"呢?

"发腮"原本指某些品种的猫咪(如英短、加菲等)在成长过程中,受到遗传基因、后天营养、激素分泌等影响,腮帮子变大。

## 第二性征

在下小狐兔("发腮"版)

因为过于形象,所以也常被用来形容人脸变大变圆的现象。

虽然都叫"发腮",
但是人类的"发腮"
是**多种因素**共同作用的结果。

首先,决定腮部大小的主要是下颌骨,
其生长高峰在青春期。
但是,下颌骨在青春期后期至成年后仍会有较明显的二次发育,
虽然长不了太多,但也会给整体容貌带来一定影响。

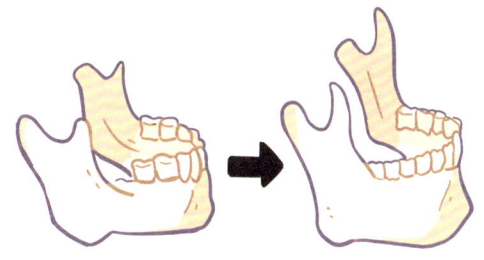

排除了1号"嫌疑人"下颌骨,
那么害你大脸的也可能是
它的邻居——
人体肌肉界的"劳模",
下颌骨外侧的咬肌。

有用的知识又增加了

把牙齿咬紧,
腮帮子鼓起来的硬硬的部位
就是咬肌。

一些不好的饮食和睡眠习惯
会导致咬肌过度发达,
越变越厚,棱角分明。

但如果你的小胖脸
看起来鼓鼓的,
摸起来也软软的,
那可不是**咬肌**,
而是脸上长肉肉啦。

对于叔叔阿姨们来说，
随着年龄增加，
脸部胶原蛋白流失加速，
弹性纤维老化断裂、细胞间的支架结构破裂……

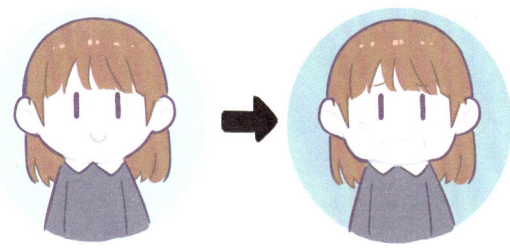

肌肉松弛、支撑能力差，
皮肤下垂，
看起来就像"发腮"了。

这么看来，我好像是因为最近吃得太多啦。

你们是因为什么"发腮"的？

有用的知识又增加了

### 小狐兔贴士

**"发腮"了还能变回去吗?**

"发腮"是脸变宽、变大的俗称,在医学上并没有这种说法。"发腮"分为:

1. 骨骼型"发腮";
2. 衰老型"发腮";
3. 肌肉型"发腮";
4. 脂肪型"发腮"。

其中,肌肉型"发腮"和脂肪型"发腮"经过相应的锻炼和处理措施是可以得到改善的。骨骼型"发腮"和衰老型"发腮"一般不可恢复。

大家好！我是和萝卜特越来越像的小狐兔。

最近我发现，
人类的本质真的是
"复印机"。

比如，
一个人所生活的环境会对他的行为产生很大的影响。

有用的知识又增加了

两个人相处久了，会变得越来越像，比如情侣、夫妻之间就可能产生类似现象。

这……难道就是爱情的力量？

你们觉得"夫妻相"有科学依据吗？

其实是有一定道理的。
有一种心理现象，
叫作**变色龙效应**。

即当我们经常观察一个人时，
镜像神经元会被激活。

久而久之，
两个人的**面部肌肉**和**表情**，
就会渐渐趋于一致，
看起来就有"**夫妻相**"。

有用的知识又增加了

甚至**宠物**和**主人**也会有"夫妻相"。

聪明的宠物会不断观察主人的一举一动，包括一些面部表情。

结果，宠物在神态上就越来越像主人了。

也有学者认为，之所以夫妻二人的相似度更高，是因为夫妻会发生更高频率的**菌群交换**。

这……这是我能看的吗？

久而久之，
菌群就会变得相似……

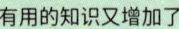

**微生物环境** 改

**"夫妻相"**

微生物环境改变了，性格和外表越来越相似，就会有"夫妻相"啦。

这么说来，想要"夫妻相"还挺不容易的嘛！看来他们真的很幸福。

不过，人体内的**微生物结构十分复杂**，想改变并没有那么容易，读一读后面的小贴士你就明白啦！

### 小狐兔贴士

**"夫妻相"是因为接吻造成的？**

我们常常听说，两个人在一起久了，会越长越像，这也被称为"夫妻相"。有研究认为这是经常接吻的缘故。但其实接吻交换菌群只是产生"夫妻相"可能性的一种，并没有完全得到证实。产生"夫妻相"的原因更多的还是相近的生活习惯和相似的生活方式。所以说，"夫妻相"也是一种高级"秀恩爱"的方式呢！

唉，我是"五月不减肥，六月徒伤悲"的小狐兔。
要是长出的肉能换成身高就好了。

唉，怎么吃都不长肉，要是变胖能像吃东西一样简单就好了。

嗯？拳头硬了。

有用的知识又增加了

你们会不会也有这样的疑惑——
为什么有人从小胖到大,
家人也都肉乎乎的。

即使注意控制饮食,
但还是好难瘦下来。

也有人天生吃不胖,
零食、大餐随便吃,
食物仿佛进入了**黑洞**。

哎,就是吃不胖。

就算吃胖了,
也很快就能瘦回去。
你属于哪一种?

## 难道真的有"瘦不了"和"吃不胖"两种体质?

**热量缺口**

除去病理性原因,
胖瘦的关键是热量缺口。

### 摄入热量 > 释放热量

多余热量自觉储存成脂肪,
就会发胖。

**摄入热量<释放热量**

脂肪燃烧供能，
人就能变瘦。

能量的**摄入**和**释放**受各种因素影响，
基因就是其中之一，
所以确实存在**天生难瘦的易胖体质**。

这都是"肥胖基因"惹的祸。
这些"肥胖基因"有的会抑制饱腹感，
增进食欲；有的则抑制新陈代谢，
降低能量消耗效率。

肥胖基因

最有名的就是 **FTO 基因**（肥胖基因）。

正常情况下，人吃饱了就不会再吃了，但变异的 FTO 基因很"叛逆"。

我就不！

它会提高**胃饥饿素**水平，使其即使在餐后也保持较高水平。

还是好饿……

| 没吃够 | 我饱了 |
|---|---|
|  | 相当于给大脑设置了"弹幕屏蔽"。<br>"我饱了" ✕<br>"没吃够" ✓ |

有用的知识又增加了

变异的 FTO 基因会让人嘴馋、吃不饱，更偏爱高热量食物。

谁在说我？

有肥胖基因，自然也有阻止肥胖的基因，比如 GPR120。

你看看人家基因多懂事！

当体内脂肪水平比较高时，会分裂出更多脂肪细胞储存脂肪，还会释放荷尔蒙，抑制食欲。

这就是为什么会有**易胖体质**和**吃不胖体质**。

当然，大家也不用太纠结自己的体质或陷入身材焦虑，
基因不能变，
但基因的表达却会受到后天的影响。

科学锻炼、合理饮食、充分休息，
不论胖瘦，
健康才是最重要的。

### 小狐兔贴士

**别再错误地减肥了**

减肥是大众的一种说法,大部分人提到的减肥其实指的是减脂。一般来说,只有体重超过了正常的标准,影响了身体健康,医生才会建议合理地减脂。

体重只是反映我们身体状况的一个指数。健康的体重是结合身高等各项指数综合得出的。所以说,不要盲目地减肥。

总的来说,身体健康、合理饮食、定期运动,才是最重要的。

大家好……

这里是以为被"鬼压床",其实是被胖猫一屁股蹲儿坐在脸上的小狐兔。

你睡觉有没有遇到过"鬼压床"?
遇到过的请举手!

有用的知识又增加了

在睡眠状态下意识突然清醒，身体无法动弹，**喘不过气，出现幻觉**，仿佛灵魂出窍或重物缠身。

以前，人们认为这是某种超自然力量导致的，因此称之为"鬼压床"。

没错！我起不来床，没有一只鬼是无辜的！

## 睡眠麻痹综合征 / 睡眠瘫痪症

其实"鬼压床"在医学上被称为**睡眠麻痹综合征**或**睡眠瘫痪症**。

一般发生在睡眠的快速动眼期。

这个时候人处于熟睡状态，
除了眼肌和呼吸肌，其他大部分肌肉都处于放松状态。

这是一种防御措施，
主要是防止我们做出梦境中的动作。

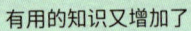

但如果此时大脑突然醒了,而肌肉还在呼呼大睡,
身体不听使唤,就会有"灵肉分离"的感觉。

之所以出现各种超现实幻觉,感觉有人和你共处一室,
则是因为处于快速动眼期,会"看见"或"听见"梦里的场景,
误以为这些场景就发生在眼前的真实空间里。

每个人一生都会遇到至少一次"鬼压床",
对此,科学家们还没有发现确切的原因,
但当失眠、平躺睡觉、被子太厚太重时,
"鬼压床"的概率会加大。

"天天见"也不是没有可能的。

如果遇见"鬼压床",不用紧张,
淡定地等个几分钟就行啦,没有危险的。
可能正好碰上"鬼"也在冲年底业绩了。(开玩笑)

每天上班也很累的好吧。

有用的知识又增加了

### 小狐鬼贴士

**遇到"鬼压床"了怎么办，怎么预防"鬼压床"？**

遇到"鬼压床"时不要慌，保持镇定，平稳呼吸，上下左右地转动眼球，然后再尝试活动脸部肌肉。等手脚能慢慢自主活动了，再缓缓坐起来，适应几分钟。

那么，有没有什么习惯可以预防"鬼压床"呢？

1. 保持规律的作息习惯，不要熬夜。
2. 减少精神压力，睡前不要看情节过于刺激的图书、电影等。
3. 保持轻松愉快的心情。

睡觉磨牙，到底是身体哪里出了问题？

大家好……我是喜欢米老鼠但是害怕老鼠的小狐兔。

搬进宿舍的第一天,晚上突然传来了"咯吱咯吱"的声音。

小狐兔床上有老鼠?看看去!

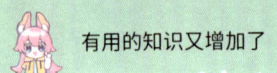

# 三大午夜噪音

这就是和**打呼噜**、**说梦话**并称为"三大午夜噪音"的**磨牙**。

就像在房间里放了一台研磨机，牙齿来回摩擦，"嘎吱嘎吱"地响。

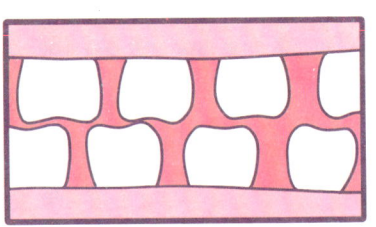

听到的人浑身难受，但磨牙者浑然不知。

我们一般意识不到自己晚上睡觉时会磨牙,也不知道自己为什么会磨牙。

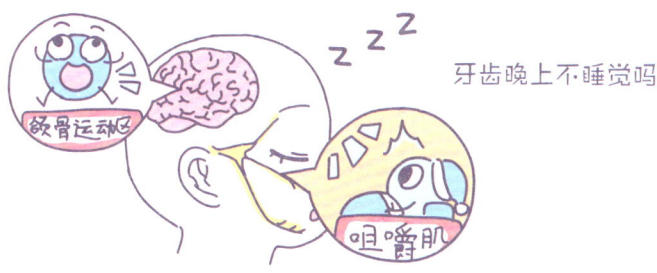

牙齿晚上不睡觉吗?

磨牙是由于
受大脑皮层支配的颌骨运动区的一部分细胞"熊孩子"
出现不正常兴奋,导致支配咀嚼肌的三叉神经功能紊乱。

于是,本应安静睡觉的咀嚼肌也开始"捣蛋",
拉着牙齿们开始"群魔乱舞",聚会狂欢。

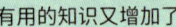 有用的知识又增加了

这种不正常的兴奋状况多半是心理因素在作怪，比如，精神紧张、抑郁、生气、情绪不稳定、激素紊乱，等等。

白天气得牙痒痒，晚上磨牙来解压。

如果肠胃不好,肚子里有蛔虫,也会触发磨牙"开关"。

甚至可能是遗传导致的。

每天这么磨,再坚固的牙齿也要抗议。
轻则牙齿敏感,冷热酸甜想吃却不能吃,
严重的话,牙齿要么就"同归于尽",
要么就"离家出走"。

爷不干了!

有用的知识又增加了

磨牙还会让咬肌变大,眼睁睁看着自己的小"V"脸变成国字脸。

我去问了医生,

他的建议是:

1. 试着调节情绪,放松神经;

2. 使用磨牙垫,减少损伤;

3. 比较严重的患者还是要去医院,接受专业治疗!

## 希望大家都能睡个好觉!

### 小狐兔贴士

**为什么有的人睡觉会说梦话？**

住过宿舍的人可能有这种体验。早上起来，告诉你的室友："你昨天晚上睡觉说梦话了。"他可能会反驳："我怎么会说梦话，你听错了吧。"为什么睡觉的时候会发生这种无意识说梦话的现象呢？一般有以下3个原因：

1. 精神紧张、压力大；
2. 睡眠质量差；
3. 白天劳累过度。

大家好！我是磨牙但不打呼噜的小狐兔。

听说宿舍集齐"打呼噜""说梦话""磨牙"，
就可以召唤出"失眠俱乐部"。

打呼噜就是最强鼓手，
一波接一波，
一声更比一声强。

有用的知识又增加了

想睡？没门儿！

你身边有没有打呼噜巨——响的人？
就算你早睡也有可能被呼噜声吵醒，
但当事人却浑然不知，睡得香甜。

我怎么可能会打呼噜嘛！

拿出录音才肯承认。

## 为什么打呼噜的人不会吵醒自己呢？

首先,我们先来了解一下人为什么会打呼噜。

在睡觉时,全身肌肉放松,

松弛的组织阻塞了气道,

气流通过时引起组织震动,

就会发出呼噜呼噜的声音。

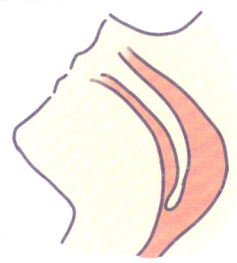

打呼噜的具体成因有很多,

解决方法也是五花八门。

有用的知识又增加了

理论上,
浅睡眠时,人们是有可能
被自己的呼噜声吵醒的。
但当你被自己的呼噜声吵醒时,
肌肉和呼吸调整了过来,

呼噜声也就自然停止,
并且一般会迅速重新入睡,
就形成了"薛定谔的呼噜"。

而人在深度睡眠时是没有意识的,
大脑中枢神经处于抑制状态。

听不到,听不到。

收到收到。

对于自己发出的熟悉的声音
概不处理。
当然,如果是外界的陌生声音,
还是能叫醒我们的。

别以为打呼噜吵不到自己，
就觉得无所谓。

有一些人长期打呼噜，
声音大，又不规律，
还会有突然窒息的感觉。
以为自己是被自己的呼噜声吵醒的，
其实是被憋醒的。

这是阻塞性睡眠呼吸暂停低通气综合征，
**一定要去正规医院检查。**

有用的知识又增加了

### 小狐兔贴士

**打呼噜有这几个特点要注意了！**

打呼噜的人有很多，但是其中患有阻塞性睡眠呼吸暂停低通气综合征的人大多是不自知的。

打呼噜若有以下特点，不仅会影响睡眠质量，还会有猝死的风险。

1. 呼噜声特别大，甚至隔着墙都能听得见。
2. 呼噜声高低起伏，不均匀，甚至呼息暂停。
3. 睡眠时口干舌燥或是被憋醒。

如果自己或者身边的人在打呼噜时有这样的表现，一定要及时就医！

小狐兔漫画科普·身体小百科

大家好！我是小时候最讨厌午睡的小狐兔。

谁能想到，
长大了，却怎么睡都睡不够。
大家平时都睡得怎么样？

上学时，撑着头，眼睛眯到最小，
笔迹逐渐潦草……

有用的知识又增加了

上班后，定十个闹钟也起不来。

不想起床……

再睡1分钟……

公司能不能倒闭？

要不请假？

请假条
申请人：小狐兔
理由：被床绑架

谁都别吵我！我要睡觉。

好不容易熬到周末了，

 但周一还是——

再睡1分钟……

为什么睡了还是困,甚至越睡越困呢?

教育部建议,根据不同年龄段学生身心发展特点,小学生每天睡眠时间应达到10小时,初中生应达到9小时,高中生应达到8小时。

睡眠不足 ⚠

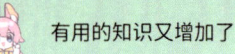

## 二是 睡眠质量差

6小时　　8小时

你身边有没有这样一种人，
明明只睡了6小时，却比你睡8小时还精神。

**有时候不是 睡不够，而是 睡不好。**

很多人以为睡了就行，
但浅睡眠与深睡眠相比，
后者才能让大脑皮层细胞充分休息，
缓解疲劳。

有什么方法能睡饱,
每天精神抖擞地工作和学习呢?

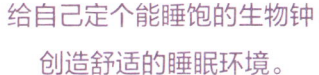

给自己定个能睡饱的生物钟,
创造舒适的睡眠环境。

有用的知识又增加了

坚持到点就起。
一开始可能会觉得"早起毁一天",
但慢慢地,身体就会适应生物钟,
晚上睡意也会自动找上门。

## 二、适当补觉

吃完午饭,好困啊……

醒醒,吃晚饭啦!

啊?

可以安排半小时午睡,
虽然不能完全弥补熬夜的危害,
但能恢复部分体能,让你不那么困。
不过可别睡太久哦!

### 小狐兔贴士

#### 午睡真的有那么好吗？

午睡最直接的好处就是可以保证下午工作和学习时有充沛的精力。

研究表明，午睡还有以下几点好处：

1. 提高记忆力；
2. 促进泪液分泌，有效护眼；
3. 修复身体的免疫功能。

午睡虽然有这么多好处，但是午睡超过30分钟就容易出现头晕等现象。也有人不需要午睡，晚上睡六七个小时就能一天活力满满。至于自己适不适合午睡，试一试就知道了。

大家好！我是从小就自来卷的小狐兔。

小狐兔，你是不是烫头了呀？

老师和新朋友们总是这样问我。

每天醒来的第一件事，
不是刷牙、洗脸，而是和卷卷做斗争！

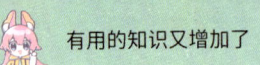

有用的知识又增加了

### 为什么有些人的头发天生是自来卷呢？

难道是在妈妈肚子里的时候，
被妈妈喝的开水烫出来的？

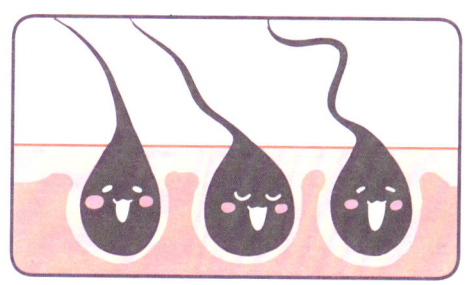

其实都是因为它们——
毛囊的形状。

不同的遗传基因，
决定了不同的毛囊形状。→

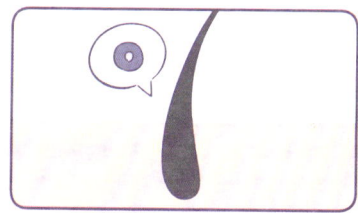

如果毛囊的形状是圆的，
那么长出来的头发就是直的。

如果毛囊是椭圆形或者扁平状，
那么长出来的就是自来卷啦。

有用的知识又增加了

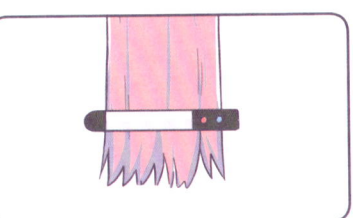
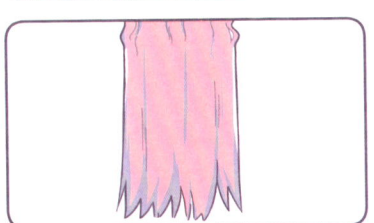

基因决定了我们头发的弯与直,
就算把自来卷拉直,
新长出来的还是弯弯的头发。

那么,同样是自来卷,为什么弯的程度不一样呢?

为了适应不同的气候,
祖先们的毛囊基因发生了不同程度的变异,
导致了头发的弯曲程度不一样。

比如，欧洲气候寒冷，大卷发就好像冬天里的棉被，能够让头皮保持适宜的温度，更好地适应**寒冷环境**。

而非洲位于赤道两侧，需要更强的遮阳、散热能力。头发也因此变得卷曲蓬松。

亚洲人生活的地区**气候温和**，不太冷也不太热，因此大部分都长成了直发。

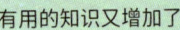

所以说,
无论你是直发还是卷发,
都是写在你基因里的一部分,
应该得到最好的呵护。

别忘了那句话,
"你本来就很美"。

### 小狐兔贴士

#### 为什么有的亚洲人天生自来卷？

前面说到，亚洲人的生活环境不太冷也不太热，因此头发是直的。

但是在日常生活中，我们身边一定有一些"自来卷"的朋友。这是怎么回事呢？

自来卷一方面受到环境的影响，另一方面主要是基因的影响。

气候对人的影响已经是很久很久以前的事情了。随着人们之间的文化、贸易等往来，不同人种之间通婚也是很自然的事情，基因也在长久以来的交往中发生了融合。

所以，如果父母是直发，孩子却是卷发，不要惊慌，可能只是某位遥远祖先的基因显现了出来。

大家好！我是拥有超显眼大耳朵的小狐兔。

你们身边有没有"脸盲"的朋友？
追剧时分不清人物。

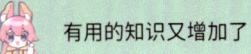
**有用的知识又增加了**

嗨,小·狐兔!

我在这儿……

出门老是叫错人。

你们会不会也好奇,为什么有人会"脸盲",看谁都一个样,总是认不出脸?

首先,很多人以为自己"脸盲",但其实只是记性差或近视。

还有一种情况,一旦看国外的篮球比赛、电视剧就"脸盲",感觉外国人都长着同一张脸。

有用的知识又增加了

这也不是脸盲，
而是**异族效应**。 →

这是因为我们看习惯了某一族群后，
出现了**知觉窄化**，
短期内便无法准确识别其他族群个体的脸。

真正的"脸盲"，又叫**面孔遗忘症**。
在他们眼中，要么人脸是模糊不清的，
要么虽然看得清人脸，却无法分辨出他是谁。

那么，到底为什么会"脸盲"呢？这就要提到大脑**枕叶**和**颞叶**中的**梭状回面孔区**了。如果这两个区域发育不良或受损，人就可能出现面孔认知障碍，也就是俗称的"脸盲症"。

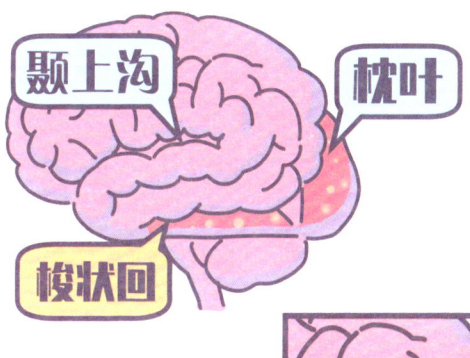

枕叶负责识别面部，颞上沟负责识别声音或图像意义，受损会导致**统觉性脸盲**。

有用的知识又增加了

根本看不出五官，
连爸妈都认不得。

梭状回负责匹配人脸，
梭状回受损就会出现**组合性脸盲**，
能识别五官，
但很难将其组合起来，
认人就像玩高难度"找茬"游戏。

虽然面孔遗忘症无法治愈，
但也不是毫无办法。

可以通过其他细节来辨人,
例如,声音、姿势、发型、脸部细节,等等。

所以,好好珍惜你身边"脸盲"的朋友吧,
他们真的很努力了。

有用的知识又增加了

### 小狐兔贴士

"脸盲"是不是一种病？

目前来说，"脸盲"在医学界还不算一种被认可的疾病，但是确实是一种生理上的非常态。

其实，真正有脸盲症的人，在日常工作和生活中是非常困扰的。

据统计，脸盲症发生的概率大约为2.5%。也就是说，每200个人里大概会有5个人有脸盲症，并且脸盲症还有50%的概率会遗传。

所以，虽然"脸盲"不算真正意义上的疾病，但是患有脸盲症也是真的令人苦恼。如果你身边有"脸盲"的朋友，请多给他们一点关爱吧！

大家好！我是小时候超爱模仿的小狐兔。

电视里的主角，打架前总会掰手指，把关节弄得"咔咔"响。

哇！　酷！

有用的知识又增加了

长大后，每次画完画，
我也会忍不住掰手指。
听着"咔咔"声，超爽超上瘾。

掰什么掰，
这样会得关节炎的！手指还会变粗！

啊？把关节掰得"咔咔"响
真的有危害吗？

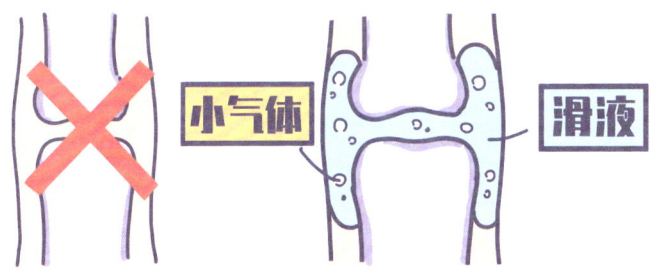

首先,要知道为什么掰手指会发出声音。其实"咔咔"响的不是骨头,而是包裹手指关节的关节腔。这里有少量润滑缓冲的滑液,还有许多被溶解的小气体。

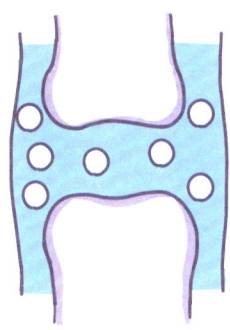

活动关节时,关节腔被拉伸,**产生负压,**滑液中的气体以气泡形式存在,气泡受到挤压破裂,发出清脆的生理性弹响。

不用担心,这些小气泡,是能够再次生成的。

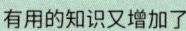

 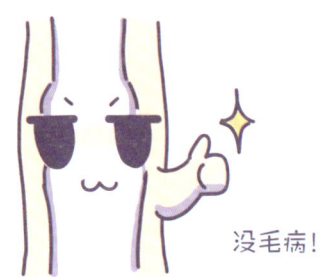

没毛病!

拉伸手部能够刺激血液循环,让关节更加灵活。

一般情况下,偶尔掰手指不会损伤关节。但如果太过频繁,可能会让关节软骨增生,手指就变粗啦!

## 骨质增生

如果你的关节变粗,根本原因是关节受损后的骨质增生。

没完没了地用力掰,
再结实的手指也顶不住。

我招你惹你了?

一不小心大力出奇迹,
还会造成拉伤或骨折。

还有人说掰手指能让手指
变得长长的,
**趁早**断了这个念头吧!

有用的知识又增加了

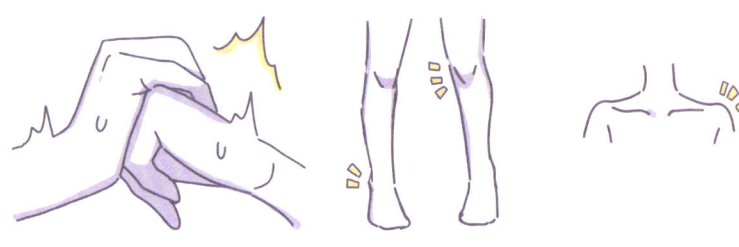

## 病理性弹响

如果你在掰手指时出现疼痛感,关节弹响频率过高,或者膝盖、肩膀、脚踝经常出现"咔咔"声,这可能是病理性弹响,**要去看医生哦!**

**小狐兔贴士**

### 听起来吓人的"骨质增生"到底是什么?

骨质增生一般指骨刺,是骨质退化的一种表现。骨刺是人体自我保护机制作用的结果。

骨刺多发于中老年人。随着人体关节的老化,各个关节都有可能产生骨刺。只要没有产生疼痛的感觉,大多数情况下骨刺是不需要治疗的。如果出现疼痛甚至压迫神经的情况,就需要根据医嘱进行药物或者手术治疗。

小狐兔漫画科普·身体小百科

大家好……我是有鼻音的小狐兔。

每次感冒就像乐队巡演，首站是——

咳嗽

接着是喉咙痛

然后是头痛

最后是流鼻涕、鼻塞和打喷嚏

偶尔会有发烧来当嘉宾

你们感冒也是这套流程吗？

**有用的知识又增加了**

# 又得吃药

感冒后第一反应就是，
"又得吃药"。
唉，算了，
吃药一周就能好，
不吃药得七天！

啊？这有差别吗？
那我感冒药都白吃了吗？
但吃完药真的舒服多了呀！

**你感冒了会吃药吗？**

吃　　不吃
☐　　☐

你的药属于白吃了，
但没完全白吃。

啊？你这么卖关子
你家里人知道吗？

**所以感冒到底要不要吃药？**

首先敲黑板强调一下，
这里的感冒指的是普通感冒，
不是流行性感冒。
对照症状，
如果你得的是流感，
那就一定得看病吃药哦。

### 流感症状

1. 高热、寒战
2. 全身酸痛、乏力
3. 食欲减退，偶有腹泻
4. 轻度呼吸道症状：咽干喉痛、干咳、鼻塞等

对于多种病毒引发的普通感冒来说，
自愈系统会组织免疫细胞
打响"防卫战"。

**有用的知识又增加了**

# 自限性疾病

普通感冒其实是一种自限性疾病，发烧、咳嗽等症状就是人体对抗病毒的外在表现。

**一般 7~14天**

不需要服用抗生素或抗病毒药物，就可以自行好转，直至痊愈。

这里不是完全否定吃药的作用，
但普通感冒后如果没有明显不适，
就不一定要吃药。
遵循大家都懂的原则——
多喝热水，好好休息就行。

但如果感冒症状很明显，
病情较为严重，或者本身抵抗力较差，
甚至出现其他并发症，
影响到工作和学习，
那么可以**对症下药**。

不过，吃药不是为了治疗感冒，
而是为了缓解感冒症状。

有用的知识又增加了

### 小狐兔贴士

**维生素 C 能治感冒吗？**

经常看到有人感冒了不吃药，而是选择补充维生素 C。维生素 C 作为人体必需的营养元素之一，只能起到提高人体免疫力、增强抵抗力的作用，并没有治疗作用。所以，感冒后只吃维生素 C 是不可以的，一定要先区分自己得的是普通感冒还是流感。

对于感冒来说，预防大于治疗。平时要注意锻炼，健康饮食，保持健康的作息，心情愉悦，这样可以增强免疫力，降低感冒频率。

你好……我是两眼发黑的小狐兔。

众所周知,
上厕所时,比带纸更重要的就是——
带手机。

最差也得抓个沐浴露,
看看配方表,
莫名感觉很安心。

成分:水、月桂酸、氢氧化钠、肉豆蔻酸、甘油、香精、薄荷醇、忍冬花(金银花)……

有用的知识又增加了

但如果不知不觉蹲太久，
　猛地站起来时，
　就会突然两眼发黑。

怎么回事？

停电了？

我瞎了？

我晕！

有时还会头晕站不稳，
　但过一会儿就又恢复正常了。
　你们也会这样吗？
到底为什么蹲久了站起来，会突然两眼发黑呢？

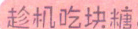
趁机吃块糖。

贫血

低血糖

很多人以为这是贫血或低血糖导致的。

但其实这叫作"体位性低血压"，也被称为"直立性低血压"，是一种常见的血压调节异常表现。

体位性低血压

直立性低血压

主要是因为长期蹲坐，导致下肢血管受压，血液循环受阻。

所以当我们突然站起来时，下肢血管受压解除，由于重力原因，全身血液迅速流向腰部、腿部。

回流到心脏的血液量减少，血压下降，上半身，特别是脑部容易出现缺血。

咦？都去哪儿了？我掉血啦！

而大脑、眼睛又对缺血最敏感，供血不足1~2秒就会头晕眼花，就像手机内存不足，突然闪退或死机一样。

小狐兔漫画科普·身体小百科

遇到这种情况不要害怕，
稳住身体，等几秒钟后
供血恢复就没事啦。

想要预防两眼发黑，
最好的办法就是有意识地放缓动作，

慢——慢——起——身——

也别蹲坐太久，
多动一动，
促进血液循环。

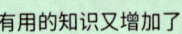

### 小狐兔贴士

**低血糖和贫血是一回事吗？**

成年人空腹血糖浓度低于 2.8 毫摩尔/升，糖尿病患者血糖值 ≤ 3.9 毫摩尔/升即可诊断为低血糖。引起低血糖的原因有很多，在体力消耗过大的情况下，也有可能发生低血糖。

低血糖时，一般会出现头晕、心慌、出汗等症状，如果没有及时补充能量，甚至可能会晕倒。

贫血是指人体外周血中血红蛋白浓度和红细胞数低于正常值的一种临床症状。贫血的类型有很多，如缺铁性贫血、溶血性贫血等。如果有贫血的症状要及时去医院检查。

由此可见，低血糖和贫血不是一回事。

嗨,我是超讨厌出汗的小狐兔。
你们那里的气温现在多少度了?

讲一个恐怖故事:
夏天,地铁,狐臭。

那是一种混合着类似于孜然和洋葱的味道,
有时还夹杂着浓郁的香水味。

有用的知识又增加了

一抬胳膊,
就能击穿你的口罩。
要窒息了……

……

到底为什么会有这么可怕的"生化武器"?

其实,我们的体味主要来自汗液。
汗液从汗腺排出,这些汗腺可分为
**大汗腺** 和 **小汗腺**。

小汗腺遍布全身，排出的是电解质和水分。

大汗腺就专找一些犄角旮旯，比如腋下、外耳道、脐周等处。

大汗腺分泌物里有**蛋白质**和**脂肪酸**，被皮肤表面的细菌，主要是**葡萄球菌**分解后，会生成不饱和脂肪酸和氨而散发出臭味，这就是狐臭的来源。

有用的知识又增加了

每个人都有汗腺，
那为什么有的人臭，有的人不臭呢？

其实没狐臭的才是**少数派**。
在过去，
地球上的老祖先身上都有狐臭，
但随着时间的流逝，
情况逐渐发生了变化。

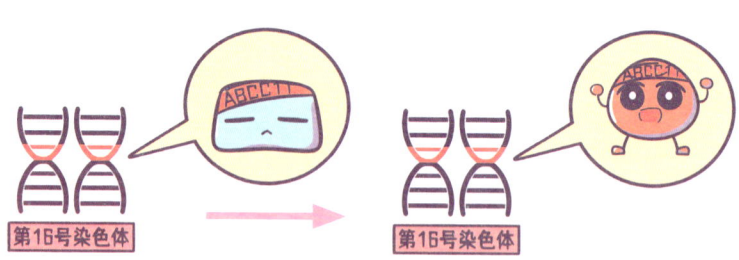

我们的祖先走出热带非洲，来到东亚。
时间一长，
控制大汗腺的 ABCC11 基因发生了突变。

小狐兔漫画科普·身体小百科

碱基一小步,气味一大步。

汗腺分泌物减少,细菌找不到下嘴对象,想臭都难。

这一清爽基因又通过家族遗传得以保留,
所以中国人的狐臭比例只有 6%,
白色人种的比例是 90%,黑色人种的比例更是高达 99.5%。

**有用的知识又增加了**

如果你正好是那6%的"天选之子",

**怎么办?**

缓解狐臭主要靠 →

抗菌

止汗

## 一、勤换衣服,勤洗澡

最好能用抗菌的香皂和洗衣液洗衣服。

## 二、使用止汗剂

止汗剂中的氯化羟铝可以有效减少汗液在皮肤上停留。

止汗剂

## 三、少吃辛辣刺激的食物

经常食用气味浓烈的食物也会让体味更刺鼻。

## 四、实在介意的，可以尝试医疗手段

去皮肤科开处方药物、注射用 A 型肉毒毒素，进行激光治疗，或微创切除部分大汗腺等。

- 处方药物
- 注射用A型肉毒毒素
- 激光治疗
- 微创切除部分大汗腺

有用的知识又增加了

## 小狐兔贴士

### 洗澡时要不要"搓泥"?

关于洗澡要不要"搓泥"的争论一直没有停止过。

多久洗一次、一次洗多久,都没有具体的标准。

有的人觉得冬天既干燥又寒冷,就不愿意经常洗澡,所以前胸和后背有时会长很多小红痘痘,这可能是马拉色菌过度繁殖导致了毛囊炎。

建议洗澡频率不宜太低,可以2~3天洗一次。夏天的时候爱运动、出汗多,可每天洗一次。

俗话说,"小搓怡情,大搓伤身"。适度搓澡可以去除老化的角质,但是太过频繁或者用力地搓澡,可能会伤害皮肤。

所以搓澡这种事情要看个人的需求,适度进行。

为什么年纪轻轻就长白头发?还能黑回来吗?

大家好……我是长了白头发的小狐兔。

过去的我：
"哦！天哪！这是什么？"

小狐兔，你有白头发！

现在的我：
"没事，再长几根也不怕。"

你们都多大啦?
也有白头发吗?

印象中,白发是老人的标配。

呜……可是我的头发本来就不是黑色的啊。

但为什么好多人年纪轻轻就白了头?
还能重新变黑吗?

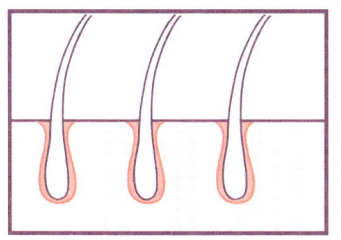

其实，头发有多种颜色。
其颜色由毛囊根部的黑色素细胞决定。

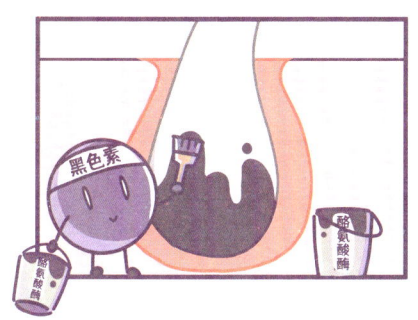

黑头发靠的就是黑色素细胞，黑色素细胞中的黑素小体将酪氨酸酶多次转化，形成黑色素。

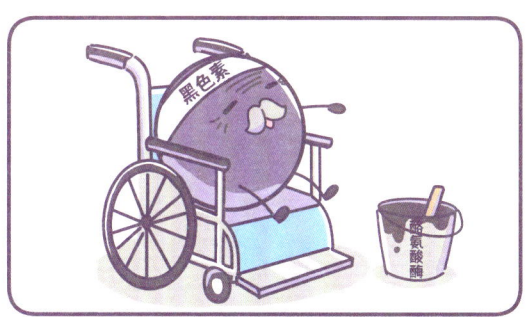

白发的原因有很多。

## 一、年龄因素

随着年龄增长，细胞自然衰老，酪氨酸酶活性降低，黑色素的合成减少。

## 二、先天性白发和疾病性白发

## 三、极端的压力和情绪

精神创伤会激活**交感神经系统**，
增加**去甲肾上腺素**的释放，
悄悄加速黑色素细胞干细胞的生长进程。

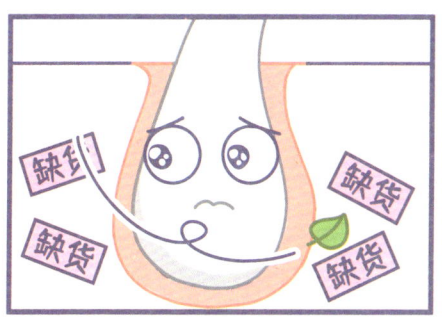

黑色素细胞库提前枯竭,
等头发长出来却没"染发膏"了。

所以尽量别生气,
否则,当你恼了,头发白了。

## 四、营养不良

1. 蛋白质
2. 维生素:维生素$B_1$、维生素$B_2$、维生素$B_6$
3. 微量元素:铁、铜等
……

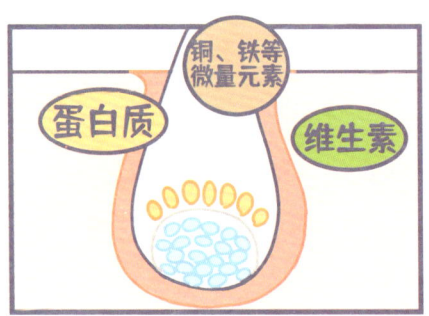

**多补充蛋白质、维生素以及铜、铁等微量元素,**
可预防过早白发。

很多人相信,黑色食物能让头发变黑。

但食物中的黑色素主要是多酚类色素,并不能直接转化成头发所需的黑色素,最多只能挽救因营养不良造成的白发。

还有些人是脂溢性脱发，或者是油性头发，不适合吃高油脂的芝麻。

掉光不就永远不会有白发了嘛！

### 小狐兔贴士

**白头发"拔一根长十根"是真的吗？**

这个说法是没有科学依据的。如果毛囊根部枯竭了，即使拔掉了这根白头发，从这个毛囊再长出的头发，依然是不带黑色素的白头发，但这并不会影响其他头发的颜色。

白发数量的增多，主要是因为随着年龄增长，毛囊中越来越多的黑色素细胞老化，失去了合成黑色素的能力。

拔白头发有风险，可能会引起毛囊炎。如果嫌自己的一两根白头发太显眼，可以剪掉，尽量不要用手拔。

唉……
我是讨厌晒太阳的小狐兔。

**防晒霜、防晒伞、防晒衣，**
全套武装也躲不过……

有用的知识又增加了

从小一晒就黑。

唉,算了算了,我要当"不肤浅"的人。

但我身边总有晒不黑的朋友。
同样是军训、学车、去海边,

最后变黑的只有我。

走在一起像"黑白双煞",
她白到发光,我黑到反光。

你们是晒不黑还是一晒就黑?

为什么被晒黑的人总是我?

哎哟,你脸红啦!

其实,我们的肤色主要由三类元素决定:
    1. 血红蛋白;
    2. 胡萝卜素;
    3. 最重要的是黑色素,负责皮肤深浅。

有用的知识又增加了

之所以会晒黑,是因为黑色素细胞碰到阳光,
会分泌黑色素,人就会变黑。
黑色素经过细胞代谢的层层移动,
到了皮肤表层,就会形成雀斑、晒斑、黑斑等。

更残酷的真相是,
**基因决定了你的肤色。**

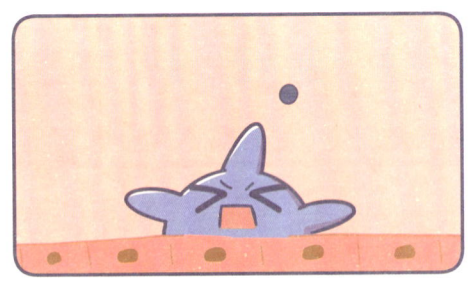

天生皮肤白、晒不黑的人,
黑色素细胞含量少,所以无法产生较多黑色素。

相反，
天生黑皮肤的人更容易晒黑，
因为他们的黑色素细胞比较多，
太阳一照，会分泌更多的黑色素。

有用的知识又增加了

所以黑皮肤想美白，简直太难啦！

但不用太难过，
黑黑的皮肤也是有优点的。

防晒最重要的不是防晒黑，
而是**防晒伤**。

白皮肤晒后易发红,
还容易脱皮、长雀斑、长皱纹;
黑皮肤虽然容易晒黑,
却不容易晒伤。

这是因为黑色素能抵御紫外线,
就像天然的"防晒伤战衣"。

有用的知识又增加了

### 小狐兔贴士

**紫外线的作用有哪些？**

长期接触紫外线，不仅会晒黑，还会晒伤。另外，不要直视紫外线，否则会伤害眼睛。

但是紫外线也有很多正向作用。

1. 用于日常环境的杀菌消毒；
2. 治疗皮肤病；
3. 促进维生素 D 的产生。

维生素 D 可以促进钙的吸收。所以医生会告诉你，如果缺乏维生素 D，除了可以从食物中补充，还可以通过定时晒太阳来补充。

**嗨！我是在天堂兼职的小狐兔。**

我被气到脑出血！

唉，
又是白天加班狂，
晚上躺病床。

然后被抢救过来了。
出医院又被卡车撞倒，
不过人没大事，
最后竟然因为回家拉不出屎猝死了。

额……所以你是死于便秘？

躲过了熬夜过劳，
却没躲过便秘？
便秘和猝死到底有什么关系？

**猝死** 一般分为两种：

心源性猝死的第三位诱因就是便秘或排便。

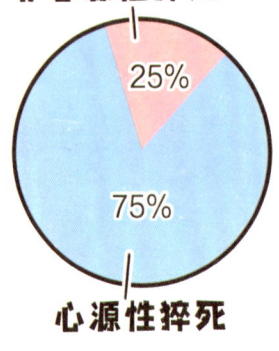

| 表2 792例SCD的诱因分析 | | |
|---|---|---|
| 诱因 | 例数 | 构成比(%) |
| 精神刺激 | 307 | 38.76 |
| 活动及劳累 | 205 | 25.88 |
| 便秘或排便 | 77 | 9.72 |
| 饱餐 | 68 | 8.59 |
| 睡眠中 | 42 | 5.30 |
| 饮酒 | 42 | 5.30 |
| 发热 | 18 | 2.27 |
| 轻度损伤 | 18 | 2.28 |
| 电解质紊乱 | 10 | 1.26 |
| 输液速度快 | 4 | 0.51 |
| 手术 | 1 | 0.13 |
| 合计 | 792 | 100.00 |

如果每周便便少于三次，便便干硬、往回缩，"千呼万唤屎不出"。

不"翔"的预感

那么恭喜你，获得野原美伢同款便秘！

拉屎也是运动哦!

便秘之所以能引起心源性猝死,
一般是因为排便困难时,
人会不自觉全身收紧用力。

导致血压升高、心率增加、
心房压升高。

再加上不自觉屏气,
造成心脏舒张期过度充盈,
严重者会诱发心力衰竭。

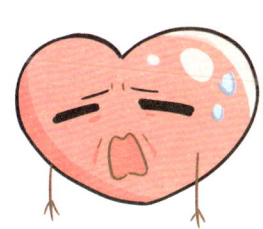

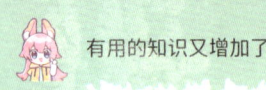有用的知识又增加了

## "强强"联合

**急性心肌梗死**患者便秘发生率高达40%~72.9%。

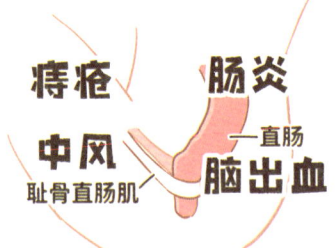

除了能诱发心源性猝死，便秘时用力推动耻骨直肠肌，还会诱发痔疮、肠炎，甚至引发中风、脑出血。

据说，英国国王乔治二世就是如厕时用力过猛，引起夹层动脉瘤破裂，猝死在了马桶上。

所以拉屎时千万**别太用劲**！

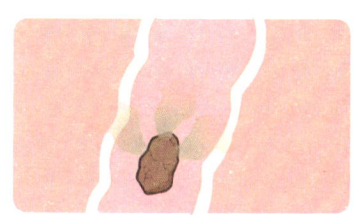
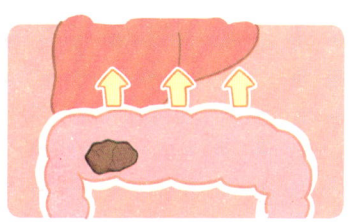

憋住的便便会在肠道里进一步脱水，
变得又臭又干硬，
更难排出。
还会撑大结肠、挤压内脏，
"屎到临头"更加危险。

有用的知识又增加了

长期服用泻药可能会形成依赖，破坏肠道健康，陷入恶性循环。

那吃泻药可以吗？

那这个呢？

嗯……

1. 多喝水，多运动，补充膳食纤维摄入，刺激肠蠕动。例如：水果（香蕉、火龙果、西梅、猕猴桃等）、蔬菜（青菜、菌菇、瓜类等）、粗粮（豆类、红薯、玉米、燕麦、糙米等）。
2. 定时排便，不要憋着，也不要蹲太久。（别带手机就行）
3. 如果长时间便秘，去医院就诊。（不要用偏方）

不想死因填便秘，
记住以上这三点。

## 快告诉你便秘的朋友吧！

### 小狐兔贴士

#### 什么是心源性猝死？

心源性猝死又称心脏性猝死，一般指急性症状发作后突然发生的以意识骤然丧失为特征，由心脏原因引起的自然死亡。现代人生活节奏快、生活压力大，猝死发生的概率越来越高。

预防猝死最简单有效的方法，就是保持心情愉悦，养成健康的作息习惯，合理饮食，避免过度疲劳和精神紧张。

大家好!
我是最喜欢秋天的小狐兔。
你们最喜欢哪个季节呀?

阿嚏!阿嚏!

金灿灿的落叶,
热乎乎的奶茶,
还有流不完的鼻涕。

带齐了!

别人出门担心忘记带钥匙。

有用的知识又增加了

鼻炎人担心忘带纸巾。
一进屋，鼻子就像打开了水龙头一样。

揉揉一时爽，
揉后火辣辣。

我恨鼻炎！

兔兔整理了一份"鼻炎自救指南"，
和我一起看一下吧！

## 一、正确认识鼻炎

兔兔,我感冒了!

这是鼻炎!

| 感冒 | 鼻炎 |
| --- | --- |
| 病程较短 | 病程较长 |
| 鼻塞为主,很少会痒 | 鼻涕量大 |
| 打喷嚏次数少 | 易反复发作 |
| 有时会发热,具有传染性 | 早起后症状加重 |

鼻炎还分不同类型

【鼻炎症状自查】

鼻窦炎:头痛、浓涕、鼻塞等。

慢性鼻炎:鼻塞、清鼻涕或黄鼻涕、咽部异物感等。

肥厚性鼻炎:鼻塞、嗅觉减退、头痛等。

萎缩性鼻炎:鼻出血、嗅觉减退、呼吸异味等。

## 二、鼻炎的原因和解决办法

以过敏性鼻炎为例。

这个……没有解决办法呢。

### 1. 遗传

父母有过敏性鼻炎的，孩子患病率高达 75%。

### 2. 环境

冷空气活动频繁、空气质量差，刺激鼻子，容易导致过敏。

可以从衣和住两个方面改变。
衣：关注天气变化，注意保暖。
住：不要长时间吹空调、开暖气。

每天开窗通风,补充新鲜空气。

### 3. 过敏原

据不完全统计，有超过 100 种物质会引起鼻炎发作。

因此应该提高免疫力，远离过敏原。

### 三、兔兔的温馨提示

使用柔软的乳霜纸巾擦鼻子，拒绝"红鼻头"。

可用生理盐水清洗鼻腔，但不建议长期、频繁使用。

# 天冷了，给鼻炎人多些关爱吧！

有用的知识又增加了

### 小狐兔贴士

**为什么会过敏呢？过敏了怎么办？**

虽然过敏在生活中是很常见的现象，但是严重时可能会危及生命。因此，一旦发生过敏一定不要忽视。

如果人在接触某些物质之后发生异常反应，那这些物质就是过敏原。

会使人产生过敏反应的常见物质有食物（如坚果类、牛奶、大豆、鱼类和甲壳类动物，已知的过敏反应中，由食物引起的约占90%）、微生物、药物、吸入物（花粉、灰尘）等。

当然了，过敏还和个人体质有关。

发生过敏反应时不要惊慌，先仔细回想自己可能是哪种类型的过敏，如果是食物过敏要立刻停止进食。不要一直用手去挠皮肤瘙痒处，可以采用冷敷的方法。如果出现呼吸急促等症状，一定要及时就医。

# 参考文献

[1] 钟晨.脸大不一定是胖，可能是发腮了［J］.人人健康，2021（11）：47.

[2] 孔卫东，陈圳荣，张武，等.839名5至18岁健康人下颌角与手骨、全身骨密度的相关性研究［J］.中华口腔医学杂志，2015，（09）：540-543.

[3] 马小军，熊猛.下颌角肥大研究进展：中国中西医结合学会医学美容专业委员会全国会议论文集，2011.

[4] 安薇薇，纪昌蓉.17~24岁正常健康人颞下颌关节形态与骨面型的相关性研究［J］.中华口腔医学杂志，2005（05）：86.

[5] 冶录平，范明辉，曲华之.骨性颏形态与下颌生长方向的相关性研究：第四军医大学口腔医院第七届全国口腔正畸学术会议论文汇编，2004.

[6] 徐永成，原林，李建辉.咬肌、翼内肌与下颌角肥大的相关性研究［J］.中华医学美学美容杂志，2002（05）：25-28.

[7]《中国心血管健康与疾病报告》编写组.《中国心血管健康与疾病报告2020》要点解读［J］.中国心血管杂志，2021（3）：10.

[8] 赵国梁.心源性猝死患者死亡诱因分析［J］.临床医学研究与实践，2016（10）：43-44.

[9] 张冬梅.便秘致急性心肌梗死恢复期猝死的教训和护理［J］.中国实用神经疾病杂志，2009（18）：54-55.

有用的知识又增加了

［10］杨新庆．便秘的诊治［J］．医学新知，2006,16（03）：129-130.

［11］李赟，李超，薛金梅，等．嗅觉与味觉功能障碍的相关性［J］．中国中西医结合耳鼻咽喉科杂志，2020,28（06）:220-223.

［12］高克强．结合基因工程技术的嗅觉及味觉传感技术的研究［D］．杭州：浙江大学，2019.

［13］李沐航．视觉和嗅觉对消费者味觉感知的影响研究［D］．长沙：湖南大学，2014.

［14］做梦为何没气味 嗅觉味觉缺乏"想象力"［N］科技日报，2014-09-19（007）．

［15］庄锦英，张金美，应娟娟．基于自我相似面孔的亲缘选择与配偶选择行为［J］．心理科学进展，2011,19（09）：1371-1377.

［16］汪寅，臧寅垠，陈巍．从"变色龙效应"到"镜像神经元"再到"模仿过多症"——作为社会交流产物的人类无意识模仿［J］．心理科学进展，2011,19（06）：916-924.

［17］耶尔·阿德勒．皮肤的秘密：关于人体最大器官的一切［M］．北京：东方出版社，2019.

［18］李文静．应对春季过敏的方法［J］．防灾博览，2021（02）：66-67.

［19］车燕敏．支气管哮喘与过敏性鼻炎不同治疗方法的临床效果分析［J］．基层医学论坛，2021,25（08）:1071-1073.

［20］陆明华．细说过敏性鼻炎［J］．养生月刊，2021,42（10）:874-877.

［21］钟洪正，叶青，宋锋．针灸治疗过敏性鼻炎的疗效及对

患者生活质量的影响［J］.内蒙古中医药，2021,40（09）:128-129.

[22] Meier B, Muhmenthaler M C. Different Impact of Perceptual Fluency and Schema Congruency on Sustainable Learning［J］. Sustainability, 2021, 13（13）:1-13.

[23] Jordan Z. The chameleon effect: adapting, advancing and aligning［J］. International Journal of Evidence-Based Healthcare, 2020,18（2）:157-158.

[24] Guggisberg A G, Mathis J, Schnider A, et al. Why do we yawn?［J］. Neuroscience & Biobehavioral Reviews. 2010, 34（8）:1267-1276.

[25] Massen J J M, Gallup, A C. Why contagious yawning does not（yet）equate to empathy［J］. Neuroscience & Biobehavioral Reviews. 2017, 80: 573-585.

[26] Rudden M, Herman R, Rose M, et al. The molecular basis of thioalcohol production in human body odour［J］. Scientific Reports, 2020, 10（1）:1-14.

[27] Barsh G S. What Controls Variation in Human Skin Color?［J］. PLoS Biology, 2003, 1（1）:19-22.

[28] Costin G-E, Hearing V J. Human skin pigmentation: melanocytes modulate skin color in response to stress［J］. The FASEB Journal, 2007, 21（4）:976-994.

[29] Schuler IV C F, Montejo J M. Allergic Rhinitis in Children and Adolescents [J]. Immunology and allergy clinics of North America, 2021, 41 (4):613-625.

[30] Wilder-Smith E P. Stimulated skin wrinkling as an indicator of limb sympathetic function [J]. Clinical Neurophysiology. 2015, 126 (1) :10-16.

[31] Kareklas K, Nettle D, Smulders T V. Water-induced finger wrinkles improve handling of wet objects. Biology Letters. 2013, 9 (2) : 1-3.

[32] Changizi M. Complexity: A Guided Tour [J]. The Quarterly Review of Biology, 2009, 84 (3):283-284.

图书在版编目（CIP）数据

有用的知识又增加了.2,小狐兔漫画科普·身体小百科 / 在下小狐兔著. —— 西安：陕西科学技术出版社，2022.12

ISBN 978-7-5369-8592-6

Ⅰ.①有… Ⅱ.①在… Ⅲ.①科学知识—青少年读物 ②人体—青少年读物 Ⅳ.①Z228.2

中国版本图书馆CIP数据核字（2022）第203862号

## 有用的知识又增加了·小狐兔漫画科普·身体小百科
YOUYONG DE ZHISHI YOU ZENGJIA LE · XIAOHUTU MANHUA KEPU · SHENTI XIAO BAIKE

在下小狐兔 著

| | |
|---|---|
| 责任编辑 | 郭敬琦　孙媛媛 |
| 策划编辑 | 许　峥　孙敬聪 |
| 封面设计 | 任晓宇 |
| 内文排版 | 麦莫瑞文化 |

| | |
|---|---|
| 出 版 者 | 陕西新华出版传媒集团　陕西科学技术出版社<br>西安市曲江新区登高路1388号陕西新华出版传媒产业大厦B座<br>电话（029）81205187　传真（029）81205155　邮编710061<br>http://www.snstp.com |
| 发 行 者 | 陕西新华出版传媒集团　陕西科学技术出版社<br>电话（029）81205180　81206809 |
| 印　　刷 | 三河市兴达印务有限公司 |
| 规　　格 | 880mm×1230mm　32开本 |
| 版　　次 | 2022年12月第1版<br>2022年12月第1次印刷 |
| 印　　张 | 7.25 |
| 字　　数 | 90千字 |
| 书　　号 | ISBN 978-7-5369-8592-6 |
| 定　　价 | 104.00元（全二册） |

版权所有 翻印必究

（如有印装质量问题，请与我社发行部联系调换）

小狐兔漫画科普

# 有用的知识又增加了

## 生活小科普

在下小狐兔
- 著 -

陕西新华出版传媒集团
陕西科学技术出版社
Shaanxi Science and Technology Press

 为什么油炸食品几天不吃就十分想念？- 1

 为什么我们对香菜如此爱恨分明？- 9

 水果烂了一点点，还能吃吗？- 17

 隔夜菜还能不能吃？
剩菜剩饭要怎么处理呢？- 25

 为什么喝了咖啡还是会困？- 35

 大夏天的，凭什么不能喝冰水？- 45

 熬夜后补觉有用吗？ - 57

 崴了脚，到底该冰敷还是热敷？ - 65

 为什么有时候睡觉会流口水？ - 73

 为什么会忍不住抖腿？ - 81

 为什么会落枕？脖子疼得动不了怎么办？ - 89

 为什么掏耳朵那么爽，却不能随便掏？ - 97

- 为什么睡回笼觉这么香？ - 107
- 为什么看到密密麻麻的东西就难受？密集恐惧症是什么在作怪？ - 117
- 发烧到底应该捂汗还是用冰袋？ - 127

- 你有想过，你的内心独白是从哪儿来的吗？ - 135
- 为什么鞋带总会松开，耳机线却老打结？ - 145
- 嗯？这3个从小听到大的鸡汤故事竟然是假的？ - 155

 为什么蚊子不咬别人，就盯着我咬？夏天如何驱蚊？ - *165*

 为什么蚊子包会越挠越痒？ - *175*

 为什么吃小龙虾时戴了手套，还是满手油？ - *185*

 晒被子后好闻的"太阳味"到底是什么？ - *195*

 **参考文献** - *205*

大家好,我是胡吃海塞小狐兔。

别吃了,你知道炸鸡吃多了脸上会出现什么吗?

嗯……当然是笑容啦!

有用的知识又增加了

万物皆可下锅炸。
你们最喜欢的油炸食品是什么?
食物一旦沾上淀粉、蛋液、面包糠……

小朋友都会被馋哭吧!

**明知油炸食品不健康,**
但为什么就是抗拒不了薯条、炸鸡、小酥肉?

我是不是被"油炸鬼"上身了?

首先是万能黄金面衣,
在高沸点的宽油中,
面衣开始"糊化反应",
表面迅速脱水,
形成松松脆脆的硬壳,
蛋白质变性,
牢牢锁住汁水,
形成外酥里嫩的口感。

食物中的羰基化合物(还原糖类)和
氨基化合物(氨基酸和蛋白质)
还会发生

## 美拉德反应

生成棕黑色的大分子物质**类黑精**,
给食物外表硬壳带来漂亮的金色。

有用的知识又增加了

有时候不是我想吃,
是炸鸡的味道使劲往我鼻子里钻。

140～200℃的油温,
促成热分解反应,
产生各种风味物质,
这些都是用100℃的沸水煮所达不到的。

除了色、香、味,
还有油炸食品咬下去那
"咔滋咔滋"的"魔鬼"声音……
听觉上丰富的感官信号,
也成了压垮自制力的
最后一根稻草。

顺带召唤出人类的本能——对高热量、高油脂的追逐。

"热量炸弹"能瞬间激活大脑的奖励机制，
促进多巴胺分泌。

让你一口接一口，
根本停不下来。

不过炸物虽好，
还是少吃为妙。

**有用的知识又增加了**

### 小狐兔贴士

#### 为什么炸物那么美味却不宜多吃？

大多数人都知道油炸食品对身体有危害，但是具体是哪些危害呢？

1. 油炸食品含有大量脂肪。高脂肪食品摄入过多，容易引起肥胖。

2. 在油炸过程中，会产生反式脂肪酸，可能诱发冠心病。

3. 炸鸡、薯条等食品在制作过程中还会加入大量的盐，高盐和高油脂食品会增加心脑血管的负担。

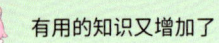

为什么我们对香菜
如此爱恨分明?

嗨！我是买了新衣服的小狐兔。

**大家喜欢吃香菜吗？**

喜欢　讨厌

我是香菜"狂粉"，
火锅蘸料来一把，香！
水煮肉片来一把，香！
可谓是"万物皆可加香菜"。

有用的知识又增加了

但我也有超级讨厌香菜的朋友。
一起吃饭时,
总能看到他们默默埋头挑香菜,
挑不干净就一口都不吃。

于是他们也买了新衣服——不要香菜。

为什么人们对香菜如此爱恨分明?
爱它的人欲罢不能,恨不得香菜炒香菜;
恨它的人深恶痛绝,连闻到都会头晕。

还有人莫名其妙、猝不及防地爱上了香菜。

其实人们对香菜的喜好是由自身的基因决定的。首先是 TAS2R16 基因。

这类味觉基因决定了人能不能吃苦。
如果你觉得西兰花、甘蓝、香菜有股涩涩的怪味，
说明你的基因让你对苦味更敏感。

有用的知识又增加了

其次是 OR6A2 嗅觉基因，
堪称"香菜检测器"。
它决定了人类对于醛类化合物的接受程度，
而香菜中就含有芳樟醇和多种醛类化合物。

所以我的味道才这么特殊啦。

芳樟醇

醛类化合物

肥皂中也含有醛类化合物。
于是对香菜"黑粉"来说，
吃香菜和吃肥皂没什么区别。
你们觉得香菜是什么味道？

所以,讨厌香菜的人并不是矫情挑食,
也不是味觉出了问题,
只是自带的基因不同,
相互理解就好啦!

但是也有人对香菜突然"黑转粉",
可能你讨厌香菜只是因为童年阴影,
也可能是味觉、嗅觉的敏感性随着年龄增长而减退,
尝不出香菜的"怪味"了。

又或者"我喜欢花泽香菜",
爱屋及乌嘛!

### 小狐兔贴士

**你知道"世界讨厌香菜日"吗?**

每年的 2 月 24 日是"世界讨厌香菜日"。为什么会有这样一个节日?当然是那些把讨厌香菜写进基因里的人联合设立的。

在这一天,网络上可能会出现喜欢香菜党和讨厌香菜党的论战。

香菜能够超越萝卜和白菜,光荣地拥有一个属于自己的节日,不是没有道理的。

据非官方统计,在全世界,每 100 个人里就有 15 个人不喜欢吃香菜。也就是说,全世界约有 15% 的人不喜欢吃香菜。

对香菜的喜欢和讨厌是由基因决定的,也会受到饮食习惯的影响,大家互相理解吧。

你好,我是小狐兔。
我的妈妈超级勤俭持家。

妈,面包过期了。

过期没事的,
这只是最佳赏味期。

妈,苹果烂了。我扔了啊!

浪费!放冰箱怎么会坏?

啊!就这么一点,
把坏的切掉不就好了?

有用的知识又增加了

## 烂掉的水果能吃吗？

能　　　不能

你懂什么？
这是运输途中碰伤的，
不是腐烂，能吃。

确实，如果只是单纯碰撞或冻伤，
果肉细胞破损，
水果就会变色甚至变黑，
但吃是没什么问题的。

低温环境还会提高果胶酯酶活性，分解水果内部不溶性的果胶物质，让脆脆的水果变得软绵绵。

我很丑，但很好吃。

黑黑软软的冻梨就是这么做出来的。

不过，
如果水果已经腐烂变质，
不管腐烂的地方有多小，
请直接丢掉，一口也不要吃。

有用的知识又增加了

 表面   实际

因为当水果开始霉变时，
霉菌的繁殖扩散速度快得惊人。
虽然你看到的腐烂部位很小，
实际上，霉菌已经扩散到很大的范围了。

 你以为水果霉菌只是一些普通的微生物吗？
这里面可有一个"大魔王"——展青霉素。

这是一种神经毒素，
会刺激胃部，导致反胃和呕吐。

严重时还会造成 呼吸 和 泌尿 等系统的损伤，使人 →

呼吸异常
神经麻痹
肺水肿
肾功能衰竭

所以，如果你无法判断水果是不是已经腐烂，那我建议最好还是不要吃，这"盲盒"可玩不起。

少吃一颗苹果不要紧，吃坏身体可不划算啊。

## 下次知道怎么对付烂水果了吧！

有用的知识又增加了

### 小狐兔贴士

#### 发芽的土豆到底能不能吃？

答案是，发芽的土豆最好不要吃。

到底是为什么呢？

因为土豆发芽之后，土豆本身含有的一种毒素——龙葵素的含量会成倍增加。如果不小心食用了发芽的土豆，很有可能会出现中毒症状，症状轻的数小时内可以自行缓解，症状严重的就需要去医院治疗了。

其实，土豆成熟之后，本身也含有龙葵素，但是含量很低，正常情况下没有任何安全问题，可以放心食用。可土豆发芽之后就不一样了，所以在条件允许的情况下，最好不要吃发芽的土豆。

小狐兔漫画科普·生活小科普

大家好！我是最近讨厌鸡肉的小狐兔。

你们有没有试过
同一种食材连着吃好几天？

哇！烤鸡！

呃，烤鸡……

终于换菜了！啊？
咖喱烤鸡！我不吃！

辣子鸡哦！

爸妈总觉得，只要放进冰箱，任何食物都能获得"永生"。你们家也是这样吗？

熬夜有害健康，熬夜的食物也不是什么正经菜。

网上说，隔夜菜不仅亚硝酸盐超标，还会滋生细菌，食用后会引起拉肚子，严重的还会致癌。

那隔夜菜到底能不能吃?
如果有剩菜要怎么办呢?

答案是:剩菜能吃,
但要注意保存方式。

一说起隔夜菜,
大家最担心的是 →

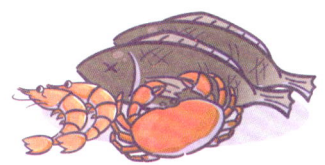

其实有些食材本身就含有微量的亚硝酸盐,
比如海鲜、蔬菜等。

 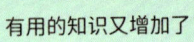 有用的知识又增加了

蔬菜在生长过程中会吸收土壤中的氮元素,并转化为硝酸盐,在储存过程中可转化为亚硝酸盐。

冷藏不会明显增加肉类的亚硝酸盐含量。
要到致癌的程度,至少得吃几十斤。

所以 **冷藏肉类** 基本没问题,
但如果是 **蔬菜** 和 **海鲜**,那还是赶紧吃完吧!

其次是细菌问题。
饭桌上你一筷、我一筷,
会在饭菜里留下一部分细菌,
放置后,细菌会持续滋生。

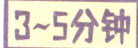
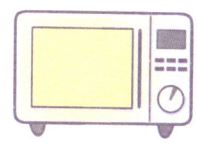

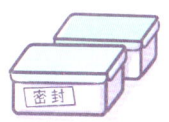

所以吃剩的食物在放进冰箱前,
最好先高温加热,再密封包装。

食物热乎乎的时候不能直接冷藏,冰箱会坏的。

有用的知识又增加了

事实上,食物应该趁热放进冰箱,吃之前重新热透。这样,食物里残留的细菌最少、最安全。

而且现在的冰箱都是风冷无霜模式,不再是直冷模式,虽然耗电多一些,但比起生病花钱还不舒服,还是将饭菜趁热放进去吧。

小狐兔漫画科普·生活小科普

一粥一饭，
来之不易。

不过最好的方式，
还是吃多少做多少，
不要剩菜。

某兔

但——
我每次都尽量把饭吃完，
爸妈以为我爱吃，
越做越多，
现在就是很后悔。

**快点叮嘱爸妈不要老吃剩菜啦！**

有用的知识又增加了

### 小狐兔贴士

#### 过了夜的白开水到底能不能喝？

隔夜的海鲜最好不要吃，隔夜的绿叶菜最好不要吃，隔夜的凉菜、卤菜最好也不要吃。

那么，过了夜的白开水能不能喝呢？一直有传言，烧开之后的水一旦过了夜，会产生大量的亚硝酸盐，而食用亚硝酸盐会有致癌的风险。

其实，经过很多专业机构的检测，隔夜的开水里并没有超标的亚硝酸盐，所以隔夜的开水是可以喝的，隔一夜或两夜都没问题。但如果放了太多天，那还是换一杯吧。

嗨……我是靠咖啡续命的小狐兔。
你们平时困了会喝咖啡提神吗？

我的标配就是冰美式。

但是很奇怪，有时候不管喝多少，
眼皮还是直打架。

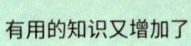

甚至提神变催眠。

## 为什么喝咖啡没用,反而更困了?

你们也是这样吗?

### 一、喝的咖啡不对

可能你喝的是含有大量糖和植脂末的三合一、速溶、带奶油和糖浆的咖啡饮料。

一杯这样的咖啡下肚，
血糖突然升高，

人就会昏昏欲睡。

## 二、喝的时间不对

咖啡起不到提神的作用，
也可能是因为你喝得太晚啦。

人之所以会感到疲倦，
原因之一就是化合物腺苷。

腺苷能和腺苷受体结合，
传递疲劳信号。

咖啡因由于"长得"像腺苷，抢先和腺苷受体结合后，
就能暂时阻隔疲劳信号。

但真正的腺苷还在不断累积，
随时准备"卷土重来"。

假如咖啡因来晚了，就不能与腺苷受体结合，或者腺苷积累到一定量时，咖啡就会失效。

累、困、迷糊，一个都不会少。

我醒来就喝！

所以提神的咖啡要提前喝。

## 三、喝的量不对

有些人天生就有"咖啡抗体",
他们的 CYP1A2、PDSS2 基因活跃。

咖啡因代谢速度快,
即使喝三杯也是沾床就睡。

还有一些人天天喝咖啡,
恨不得泡在咖啡里。

但长期摄入咖啡因会增加腺苷受体数量,

等于自己创造了"咖啡抗体",对咖啡因的耐受力提高了,因此必须摄入更多咖啡因才能阻隔疲劳。

不过,只要降低喝咖啡的频率或间隔一段时间不喝,就可以恢复正常了。

建议成年人每天咖啡因摄入量不要超过300毫克。

记住,一定要适度饮用,别用咖啡代替睡眠。

### 小狐兔贴士

**喝茶有哪些好处?**

咖啡可以提神醒脑,喝茶也可以起到同样的作用,而且喝茶还有很多好处呢!

茶叶虽不起眼,但是其中含有多种有益成分,如茶多酚、茶色素、茶多糖等。研究表明,茶叶中的有益成分有下列作用:

1. 预防龋齿,去除口臭;
2. 促进消化;
3. 杀菌,调节肠道微生物;
4. 降血压,降血脂。

大家好，我是超怕热、靠冰奶茶续命的小狐兔。

你们平时喜欢喝热水、冰水还是温水？

热水　　　　温水　　　　冰水
健康　　　　还行　　　"妈见打"

在我家，同样一杯水，不同的温度有不同的"待遇"。

有用的知识又增加了

喝热水有热乎乎的快乐,
喝冰水为什么就成了"妈见打"?
长辈都用什么理由劝你喝热水?

**不能喝冰水的说法是哪儿来的呢?**
**为什么中国人执着于喝热水?**

人们很早就意识到，
把水烧开可以杀死生水中的细菌，减少疾病发生。

1952年起，"爱国卫生运动"深入开展，
国家大力提倡讲究卫生、提高健康水平，
动员大家讲卫生、喝开水。

于是，烧开水喝的习惯保留了下来，
中国成了全球最爱喝热水的国家。

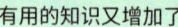 有用的知识又增加了

冰水则惨遭养生领域的"排挤"。

其实喝冰水，

**没问题，**

**没问题，**

**没问题，**

重要事情说三遍！

今天就让小狐兔来破除谣言！

## 谣言 1 喝冰水会拉肚子

 ✗ 温度低

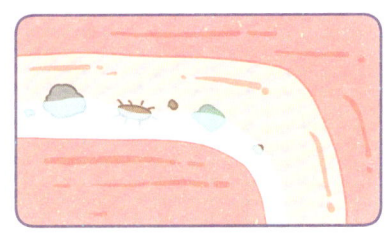

之所以会拉肚子,并不是因为水的温度低,
而是因为水的卫生不达标,病原体进了肚肚导致的。

也可能是你对冰的耐受力弱。
就像有人不能吃辣、不能吃酸一样,
如果肠胃过于敏感,碰到冰冷的食物可能会痉挛。

 肠易激综合征

这叫作肠易激综合征,
是一种常见的
功能障碍性综合征。

## 谣言 2 喝冰水会感冒

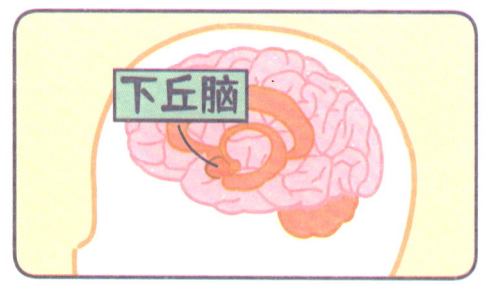

其实我们的人体有严格的温度调节机制，体温调节的高级中枢位于下丘脑。

即使你在很短的时间里吃掉大量的冰激凌，

因为身体能减少散热并自动产热，人体的核心温度下降也不会超过 1℃。

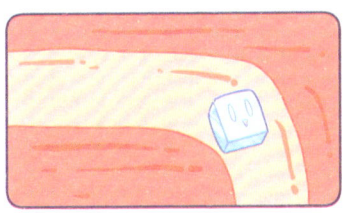 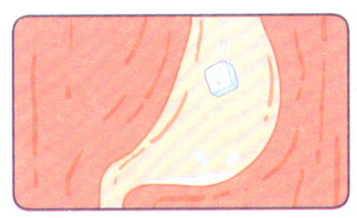

所以不管什么水温，
等水进入胃时，
很快就会被人体调节为合适的温度了。

## 谣言3 喝冰水会偏头痛

一吃冰就头痛，
这种情况也叫作"冰激凌头痛"。

这是我们的头部为了保持温度，
血管扩张，
因此有些人会出现短暂的
头痛症状。

有用的知识又增加了

要问有什么解决方法，
那就是喝——慢——点——啦——

总之，
只要喝进肚子的水是卫生的，
没有让人感觉不舒服，
那就冷热都可以啦！

**把这篇给你的妈妈看看，
下次理直气壮喝冰水吧！**

### 小狐兔贴士

#### 哪几类人不适合喝冰水？

只要水质卫生,对于健康的成人来说,喝冰水或热水都没什么问题。但是以下人群是不适合喝冰水的:

1. 肠胃功能较差的人;
2. 经常偏头痛的人;
3. 老年人和婴幼儿。

有些时间段也是不适合喝冰水的,比如:

1. 饭前和饭后;
2. 剧烈运动之后。

熬夜后补觉有用吗？

**这里是熬夜冠军小狐兔。**

大家一般几点睡啊?
是不是很多人和我一样,
白天思路枯竭没想法,
深夜灵感爆发画漫画。

好不容易忙完上床,
"好安静、好平和、好暖和"。

好适合刷手机啊!

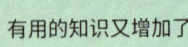

结果,第二天大脑直接"死机"。

小·狐兔,前面有钢柱。

什么?晚上喝西米露?

那我周末好好补一觉就好了吧。

不！不！不！

补觉并不能弥补熬夜带来的伤害。

睡不够，最大的受害者就是大脑。如果你觉得熬夜后"困且笨"，那就是大脑在抗议。

整天让我补补补，我又不是女娲！

睡不够会使大脑中控制注意力、记忆等的前额叶活动降低，导致走神、行动迟缓等状况。

有用的知识又增加了

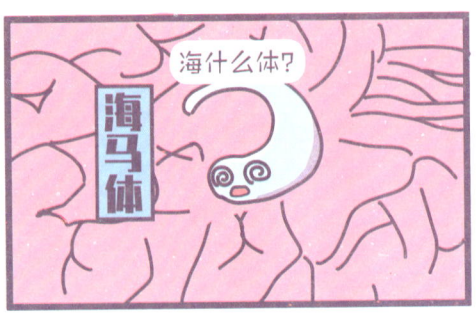

和记忆相关的海马体也会"奄奄一息"。

大脑作为人体最复杂的器官，受到的伤害往往是不可逆的。

研究人员用 CT 分别扫描熬夜后和补觉后的大脑证实，部分脑部异常是无法通过补觉恢复的。

也有专家做了实验，即使恢复了正常睡眠，
曾长期睡眠不足的人的反应速度依旧低于睡眠充足的人。
所以别指望熬夜后的补觉了！

**面黄长痘**

**肥胖脱发**

**心动过速**

**担心猝死**

不想面黄长痘、肥胖脱发、心动过速，
还时刻担心猝死，
**那就每天早点放下手机睡觉吧！**

有用的知识又增加了

### 小狐兔贴士

**几点睡觉算熬夜?**

我们常听别人说,别熬夜,熬夜的危害很大。那么到底几点睡才算是熬夜呢?

研究表明,熬夜其实没有一个具体的标准。对于成年人来说,每天应该保证 7~9 小时睡眠时间。但是如果非要给出一个时间点的话,从内分泌和生物节律的角度看,超过 23 点睡觉就算是熬夜了。

嗨！我是"每逢佳节胖三斤"的小狐兔。
过年长的肉肉到现在还没有掉，
你们也是这样吗？

不行！我要减肥！

瘦十斤不是问题。

从简单的跳绳开始吧。
嘿嘿，这么下去，
减肥轻轻松松。

哎呀！呜呜……痛痛痛！

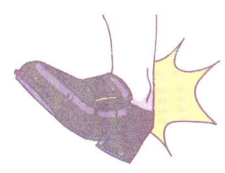

有用的知识又增加了

怎么这么不小心!
来,热水袋敷一下,
散瘀血。

不行!得冰敷,这样可以消肿。

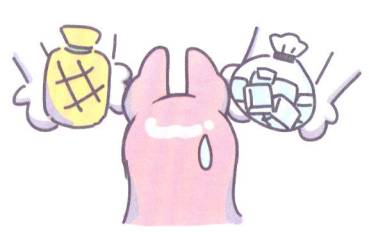

有没有扭伤或摔伤过的小伙伴?
考考大家,**崴了脚,该选冰敷还是热敷?**

3——2——1——
其实,这两种方法都是对的。

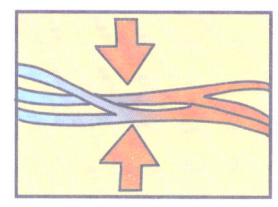

脚踝扭伤初期适合冰敷,
因为低温能够减缓神经传导速度,
收缩周围血管,
起到短期消肿止痛的作用。

记住,
每 3~4 小时冰敷一次,
每次不超过 20 分钟。

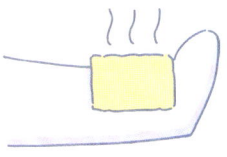

冰敷 1~2 天后,等脚踝没有明显肿胀时,就可以换成热敷。
如果扭伤后疼痛剧烈,或在冰敷和热敷之后仍疼痛明显,
建议及时就医,进一步检查。

有用的知识又增加了

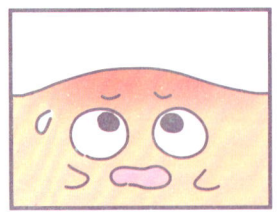 

热敷能放松紧张的肌肉和关节，
恢复其柔韧性，
改善局部血液循环，
同时促进损伤部位的组织修复。

可用热毛巾裹在受伤的部位，
每天 2~3 次，
每次 15~20 分钟。
注意毛巾不要太烫，
也不要敷得太久啊！

嗯？怎么有股肉香？

简单总结一下,
如果崴了脚,先冰敷消肿,再热敷修复。

别忘了去医院拍个X光,
检查是否骨裂或骨折。

也要记得好好休息,
否则可能会变成习惯性扭伤,
那可就糟糕啦!

有用的知识又增加了

**小狐兔贴士**

**脚部韧带拉伤和崴脚有区别吗？**

其实脚部韧带拉伤和崴脚区别不大。崴脚是踝关节扭伤的俗称，可能会引起关节周围软组织，如韧带、肌腱等损伤。如果只是轻度挫伤，根据前面讲的方法进行冷敷和热敷，一般来说几天就可以恢复。但是如果韧带损伤比较严重，就需要用护具和石膏来进行固定。同时，应2~3个月避免跑、跳等剧烈运动，让韧带得到充分恢复。

大家好！我是总梦见吃大餐的小狐兔。
大家平时都会梦到什么呢？

我最近总是梦到：
烧鸡、烧鹅、烤猪蹄，
奶茶、比萨、糖醋鱼。

但醒来只有饥饿
和枕头上的一摊口水。

有时候趴在桌子上睡着了流口水，
醒来后装作若无其事，迅速擦掉。

有用的知识又增加了

### 你们睡觉时也会流口水吗？

小朋友吞咽不熟练，
流口水很正常。
但为什么我们明明已经是独立的大人了，
睡觉时还会流口水？

要解决这个问题，
我们首先要知道口水是怎么来的。

很多时候,
我们感受不到口水的存在。
但成年人一天能分泌
1~1.5升口水,
平均每小时就有约60毫升。

有这么多吗?

1~1.5升/天

60毫升/时

因为分泌口水属于神经反射性行为,
所以清醒时,人会自动吞咽口水。

而睡觉时吞咽动作变少,
且嘴巴下意识微张(侧卧时),
加上重力作用,
口水就"溜"了出来。

诶,张开了,但没完全张开。

有用的知识又增加了

这就是睡觉时会流口水的原因,
不用太担心,擦擦就行。

介意的话,可以调整一下睡姿,
避免趴着睡或是压脸侧睡。

但如果流出的口水臭臭的,
那可能是口腔出了问题。

龋齿

牙周炎

口腔溃疡

口臭

龋齿、牙周炎、口腔溃疡都会导致唾液分泌增加，口腔炎症还会引发口臭。

如果流口水的同时，身体还出现了其他不适，那可能是真的生病了。

流口水＋鼻塞，此时流口水可能是患鼻炎或鼻塞时只能用嘴呼吸导致的。

流口水＋胸闷头晕，这可能是动脉粥样硬化或中风的前兆，老年人要特别注意。

动脉粥样硬化

中风

有用的知识又增加了

### 小狐兔贴士

**用嘴巴呼吸就一定不好吗？**

别再被夸大的"口呼吸"给骗啦！

上网搜索"口呼吸"，会出现各种令人眼花缭乱的词条，大部分都是在讲"口呼吸"的危害。

其实"口呼吸"并没有那么可怕。

首先，不是所有的张嘴呼吸都是"口呼吸"。当我们剧烈运动时，用鼻子呼吸不能完全满足需要，肯定需要张嘴呼吸来进行补充。

其次，当我们感冒或者鼻炎发作，鼻子不通气的时候，也要靠嘴巴呼吸。

所以，如果发现小朋友长期用嘴巴呼吸，一定要先判断，是不是鼻子不通气导致的。如果鼻呼吸异常，可以去耳鼻喉科进行检查。排除了鼻呼吸的问题后，可以再去口腔科进行检查哟。

嗨!我是爱抖腿的小狐兔。

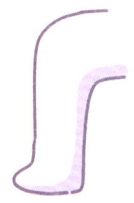 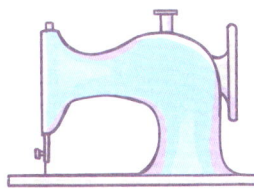

我一直怀疑,
自己上辈子是台缝纫机。
只要一闲下来,
腿就会开始抖抖抖,
根本停不下来。

**冬天抖腿取暖**    **夏天抖腿防蚊**

听音乐时也会忍不住疯狂抖腿。

其实很多时候我也不是故意要抖，而是不自觉地开始抖抖抖。

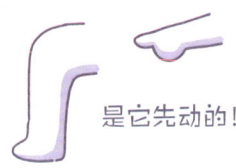

是它先动的！

**所以到底为什么总是忍不住抖抖抖抖抖腿呢？**

其实，不自觉抖腿是人在焦躁或精神高度集中时释放压力情绪的方式之一。

有学者认为,
这来源于远古时期,
老祖宗们为了生存,
需要保持应激性。

身体会维持较高的应激激素水平,
时刻准备战斗或逃命。

积蓄的多余力量则会通过
肌肉颤动的方式释放出去,
于是抖腿便被刻进了 DNA 中。

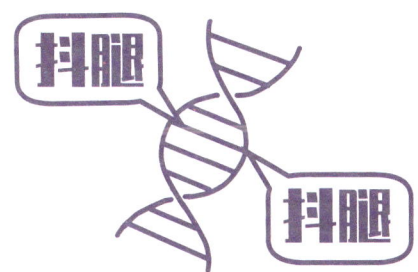

在精神和身体紧绷时，
人会不自觉地通过重复抖腿来进行缓解。

**血清素**

重复性动作能加快神经元传递，
促进血清素分泌，
起到镇静作用。

坐着抖腿还能带来一定的
腿部肌肉活动，
一定程度上可以缓解久坐产生的
腰酸背痛。
所以，日常不自觉地抖腿其实是
正常现象。

不过，如果你在安静状态下
或夜间睡眠时
双腿有极度不适感，
或者有强烈活动双腿的欲望，
而且晚上症状更明显，

那有可能是 **不安腿综合征**

这属于神经系统疾病，
要尽早看医生哦！

最后，虽然"一直抖腿一直爽"，
但是不能打扰别人。
别只顾自己抖过瘾，
抖腿还是得分场合。

别抖了！害得我都没办法专心抖腿了！

有用的知识又增加了

### 小狐兔贴士

**跷二郎腿需谨慎**

除了抖到停不下来的腿，还有跷上去就放不下来的腿。

前面说了，只要不影响别人，抖腿没啥大问题，但是跷二郎腿可就不一样了。长时间跷二郎腿可能会导致脊柱变形，引发腰痛和背痛，还有可能压迫神经，导致腿部麻痹。长时间压迫同一条腿还有可能导致关节炎。跷二郎腿虽然看起来潇洒又放松，但是危害还是很大的哟。所以，坐下来的时候还是想想其他放松方式吧！

大家好……我是落枕的小狐兔。

睡觉就像开"盲盒",
你永远不知道——

睡着会不会打呼噜、"鬼压床"。

醒来会不会落枕、起床气。

特别是落枕,
睡醒后,
脖子好像被卡住了一样,
一动就痛,
瞬间变歪脖子兔。

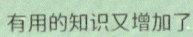

和小·狐兔打招呼她都不回头，也太拽了吧！

我落枕了啊！

落枕一般是枕头不合适或睡姿不正确引起的。

但有时明明睡的是一样的枕头、用的是一样的睡姿，为什么就突然落枕了呢？

这是因为睡姿、枕头都只是压死骆驼的最后一根稻草。落枕其实是来自肌肉的警告。

我们的脖子能够灵活转动，是因为肌肉多、有弹性，收缩自如，相互配合。

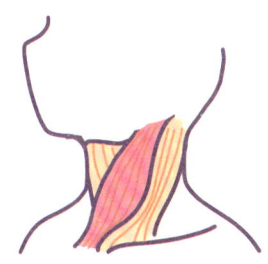

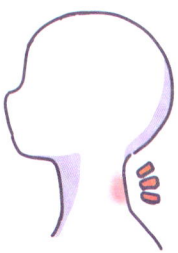

但如果长期梗着脖子，肌肉和软组织天天"加班"，得不到充分休息，就会加速其老化，使其失去弹性。

有用的知识又增加了

这时候再来个怪异睡姿，
肌肉们直接"罢工"，
就出现了炎症。

请假！我拖"炎"症犯了！

醒来后每动一下，
都感觉很"酸爽"。

"感动"吗？

不敢动。

**大家都有哪些拯救落枕的小妙招呢？**

想缓解落枕，
可以用热毛巾热敷，
外加适当活动，
也可搭配红花油轻轻按摩。

偶尔落枕不用太担心，
受损的肌肉能够修复自愈。
但不注意的话，
一旦召唤出颈椎病"大魔王"，
要承受的可就不只是落枕痛了。

如果长期脖子痛，
还伴随四肢无力，
那可能不是落枕，而是颈椎病。
一定要记得去骨科检查治疗！

有用的知识又增加了

### 小狐兔贴士

**如何预防颈椎病？**

得了颈椎病，疼起来真要命！对于颈椎病，同学们可能会有些陌生，但是问问身边长期伏案工作的大人们，他们一定再熟悉不过了。

那么，颈椎病可以预防吗？当然是可以的。

1. 在日常生活中养成良好的生活习惯，不久坐，工作、学习间隙，多站起来活动活动身体，转一转脖子。

2. 尽量避免躺或趴在床上看书、看手机、看电视等，正确的坐姿不仅对颈椎有好处，还能保护视力呢。

3. 养成良好的睡姿，选择高度合适的枕头。

4. 夏天的时候，不要用风扇、空调直接吹头部和肩部。

5. 加强锻炼，毕竟健康在于运动嘛！

快记下来，告诉你容易患颈椎病的家人和朋友吧。

**大家好！我是小时候喜欢躺在妈妈腿上掏耳朵的小狐兔。**

听说只有两种小孩子：
超喜欢掏耳朵的，

和超害怕掏耳朵的。

**你们属于哪一种？**

为什么掏耳朵会这么爽？

有用的知识又增加了

这是因为掏耳棒在耳道里窸窸窣窣，轻柔平缓的听觉和触觉形成触发器，引发颅内、头皮或身体一些部位产生了令人愉悦的独特刺激感。

**自发性知觉经络反应** 也叫作 ASMR。

让人头皮发麻，舒服又放松，忍不住想睡觉。

但也有人觉得这种感觉像是电流经过。

毛骨悚然

# 耳屎

**耳屎 ≠ 脏 ≠ 要清理**

还有人喜欢掏耳朵，
是因为"耳屎"名字里带了便便（"屎"），
认为有耳屎就等于脏，
总觉得耳朵里痒痒的，得赶紧清理。

难道攒着过年吗？

掏出大块的耳屎真的爆有成就感。懂的都懂。

有用的知识又增加了

但长大后才知道,
不能随便掏耳朵。

耳屎学名"耵聍"。
虽然它只是耳道分泌物
混合了灰尘、皮屑,
但起到的作用可不小!

耵聍可以避免耳道过于干燥,
还可黏附外物,
保护我们的耳朵。

大部分耵聍可以自行排出,不用特意掏。

经常掏耳朵,会刺激耳道皮肤,破坏天然屏障。

挖耳勺容易划伤耳道,卫生不到位会导致

**交叉感染**

**湿疹**

**棉棒则会把耳屎推进耳道更深处。**

有用的知识又增加了

造成耵聍栓塞,
刺激鼓膜,
导致耳鸣和不可逆的听力下降。

正确的做法是

如果出现

千万不要自己动手或去街边小店掏耳朵,
而是要找专业医生处理。

听说去医院掏耳朵超级爽。

### 小狐兔贴士

#### 油耳到底是什么？

在我国，大部分人耳朵内部都是干性的。耳屎呈干燥的片状，一般不需要特别清理，日常生活中通过说话和咀嚼动作就可以排出。但是也有一部分人，因为体质等原因，外耳道产生的耵聍含有较多的油脂，呈油腻状，容易聚集成团，不容易排出，这种耵聍就被称为油耳。

一般来说，油耳和干耳相比只是体质不同引起的，没有什么大问题，油耳还可以更好地阻挡灰尘和小飞虫进入外耳道。但是，油耳耵聍不易排出，需要定期清理，不然可能会造成耵聍栓塞。如果出现耵聍栓塞，一定要找专业医生处理哦。

嗨!我是"回笼教教主"小狐兔。

睡回笼觉好,
赖床多、烦恼少。

天不怕,地不怕,就怕妈妈叫起床。

有用的知识又增加了

周末七点就喊我吃早饭,
熬夜的我像"行尸走肉",
只想赶紧回去补觉。

醒都醒了,不要睡回笼觉。

越睡越困,还会头痛。

睡回笼觉真的对身体不好吗?
不、不、不!
睡回笼觉这么香甜,
其实是大脑在发出警告。

整天只想着学习，
我睡不够，难受。

## 理想中的睡觉

大脑从深度睡眠中 → 慢慢预热到兴奋状态 → 最后自然醒

## 现实中的睡觉

大脑还在深度睡眠
就被强行叫醒，
又累又困，
于是开启了自动保护机制。

重新入睡一般是浅睡眠状态，
似梦非梦、晕晕乎乎的感觉，
能让人身体放松，
太幸福啦！

浅睡眠虽然没有深睡眠治愈，
但也能补充体力、稳定情绪。

而且每个人睡眠习惯不同，
有人习惯一次睡到饱，
也有人喜欢——

早上赖床　　　　中午午睡　　　　下午打盹

只要身体舒服，
多睡一会儿也没关系。

**记得设好闹钟！**

但为什么有时候睡得超爽，
醒来后却很难受？
因为睡得太久啦！
很多人准备睡一分钟，
结果"昏迷"一小时……

有用的知识又增加了

白天过度睡眠易导致睡眠惯性，
扰乱生物钟，
当然会头昏脑涨。

所以睡回笼觉没问题，
但要控制时长。

实在起不来时，可以试试先躺一分钟，
再靠床头一分钟，
然后在床边双腿下垂一分钟。

### 小狐兔贴士

#### 如何提高睡眠质量？

1. 每天按时起床、入睡，养成习惯；
2. 午睡时长控制在半小时左右；
3. 下午和晚上要少喝茶和咖啡，咖啡因含量较高的奶茶、饮料也要尽量少喝；
4. 晚饭不要吃得太饱，饭后不要剧烈运动。

嗨……我是轻度"密恐"的小狐兔。

你们身边有没有那种超欠揍的朋友，
老是拿各种密集图片吓唬你。

莲蓬、青蛙卵、藤壶、深圳机场的天花板……
只要扫一眼，马上起鸡皮疙瘩。

有用的知识又增加了

啊！是想绝交的程度！

密集恐惧症究竟算不算恐惧症的一种，目前还存在争议。

虽然它没有被记入最新《精神障碍诊断和统计手册》中，

但是这并不妨碍它成为21世纪最常见的恐惧症之一。

英国埃塞克斯大学心理学家威尔金斯和柯尔研究发现,286名被调查者中有10%的男性和18%的女性出现了"密恐"症状。

甚至当他们看见带洞洞的奶酪块时,也会有不适感。

| 初级 | 头皮发麻、起鸡皮疙瘩、反胃、不自在、不自觉打寒战 |
|---|---|
| 中级 | 紧张、焦虑、心跳加速、胃部不适、恐惧 |
| 高级 | 想马上逃离、发出尖叫、想立刻毁掉这些洞和凸起、哭泣和呕吐 |

大家可以对照表格,看看自己属于哪一级"密恐"。

如果你特别喜欢各类密密麻麻的东西，
那就可以把"根本不怕"
贴在脑门上。

为什么仅仅是密集排列的孔洞或凸起，
就会让我们头皮发麻，不愿再看、再回忆呢？

但是看到米饭、奶茶里的珍珠却没事，
甚至如果看到的是密密麻麻的金币，
只会幸福到昏厥。

有学者认为，对密集的厌恶情绪，是一种刻进人类 DNA 里的本能，也叫作趋避效应。

求生欲满满的大脑天然反感有致病风险的东西，
高对比度也会刺激视觉神经，
触发对于危险物体的趋避效应。

所以碰到腐烂的食物、颜色鲜艳的毒物、群聚的小虫时，
人会下意识躲闪，甚至反胃呕吐。

有用的知识又增加了

当人看到密密麻麻的孔洞时,
潜意识里会将它们和感染、溃烂等联系在一起。

而且研究证明,
当密集物出现在皮肤上,
特别是脸上时,
不适感会成倍增加。

对于生活已经受到严重影响的"密恐"群体,
医生通常给出的方案是暴露疗法,
即怕什么看什么,一直看到脱敏为止。

不过暴露疗法必须经过患者本人同意，并且要经过专业、慎重的评估后才能使用。否则，如果突然将密集图片拿到患者面前，

你只会收获——

### 小狐兔贴士

**脱敏疗法是什么？**

随着社会的发展进步，生活中对化学用品的使用越来越常见，随之而来的是，人们的过敏反应越来越多。过敏可不是个小问题，轻则皮肤瘙痒、打喷嚏、咳嗽，重则危及生命。所以治疗过敏很重要，脱敏疗法也应运而生。

应用脱敏疗法前首先要确定过敏原，确诊后才可以开始脱敏治疗。目前常用的疗法分为舌下脱敏和皮下注射脱敏。基本原理都是使经过处理的少量过敏原进入人体，剂量由小到大，浓度由低到高，逐渐诱导患者耐受该过敏原。脱敏疗法必须经过医生的评估和一定的疗程，千万不要为了脱敏而故意接触过敏原哦！

大家好……这里是超怕发烧打针的小狐兔。
大家听到发烧,第一反应是什么?

小时候,发烧是件让我又爱又恨的事。
一发烧就不用上学、不用写作业,
妈妈还会准备甜甜的水果罐头。

但发烧要吃药、打针,不能出去玩,
脑袋懵懵的,直接变成"小糊涂"。

电视剧里的主角发烧了,额头必会放一个厚厚的冰袋,
但是家里的老人总说,盖上厚被子,捂出一身汗就好啦。

有用的知识又增加了

到底哪种做法正确呢?其实,冰敷和捂汗都不全对。

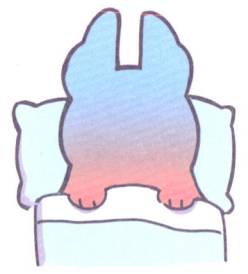

发烧[1]虽然让人虚弱,但却是人体的自我保护机制。身体通过体温升高的方式,提高免疫系统反应,抑制病原体活跃和繁殖。

---

[1] 友情提示:发烧,医学用语为发热,发热又分为感染性发热和非感染性发热,感染性发热包括各种病原体入侵引起的发热,非感染性发热的原因比较复杂。本文中所提到的发热仅针对感染性发热。

击退了病魔,人就精神啦。

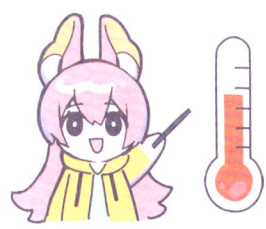

所以发烧时,
如果身体没有其他不适,
可以先观察几个小时,
让体温完成先升高再自然下降的过程。

而冰敷会收缩血管,
即使短期内达到降温的效果,
也可能会反弹。

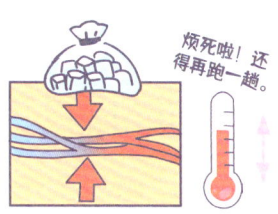

但是,对于高烧不退的人来说,
高温可能会损伤中枢神经,
这时,冷敷头部能保护我们的大脑。

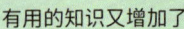

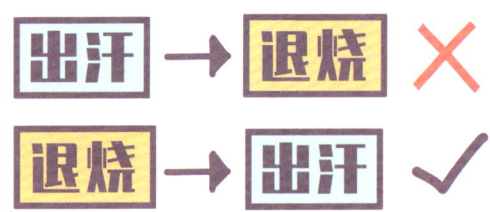

冷的不行,那热的呢?

"捂汗党"认为,出出汗,烧就退了。

其实,流汗是退热的结果,而不是原因。

当体温爬到调节点时,

自然会流汗散热,没必要捂汗,

捂得太过严实反而不利于排汗退烧。

所以,应对发烧的正确方法是:

用温毛巾擦拭身体、多喝水、适当保暖,无须刻意捂汗。

严重时,
应及时看医生、吃药打针!

下次别再傻傻地冰敷和盖厚被子啦!

有用的知识又增加了

### 小狐兔贴士

#### 什么时候需吃退烧药呢？

看了前面的科普，我们知道发烧是人体的一种免疫反应，并不是一种疾病。发烧一般要经历一个体温上升的阶段，在发烧的时候，多喝水，用温湿的毛巾擦拭，一般就可以慢慢退烧了。但是，一旦腋下温度超过38.5℃或者身体感觉十分不舒服并伴有其他症状时，就要选择吃药或者去医院看医生了。

特别需要注意的是，如果是3个月以下的小宝宝，一旦出现发热的情况，一定要及时去医院就医。

咦？我嘴巴没动啊！
那为什么会有声音？

默读的时候，
你们也会听到
脑袋里的声音吗？

有用的知识又增加了

纠结的时候。

看到美食的时候。

看电视的时候。

**脑子里总是冒出一些内心独白。**

有时和自己聊天，
可能还带点儿口音。
是我精神分裂了吗？

其实，脑袋里的声音属于语言的内化版。

如果我们平时说的话是外部语言，
那这就是内部语言。

有用的知识又增加了

苏联心理学家利维·维谷斯基发现，

**儿童的自言自语会逐渐内化，**

变成内部语言。

人接触事物时，
有时用概念思考，
有时靠视觉，
有时也利用语言思考。

我们的大脑非常谨慎，无论是听还是说，
经过大脑的语言信息都会产生感知副本。

你会对听过的声音有记忆,想说的话也会备份一遍。

听到啦,两只耳朵都听到啦。

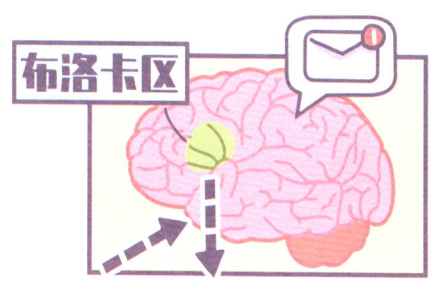

同时大脑布洛卡区被激活,向听觉系统传达信号。

所以不管最后有没有说出口,听觉系统都获得了内化信息。

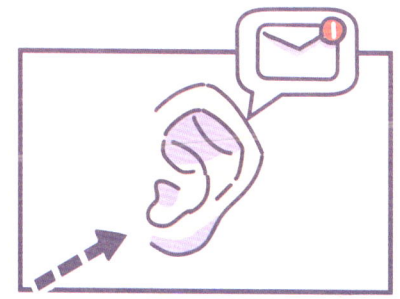

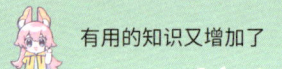

 有时候，外部声音和内部声音重合，

会抑制你对自己声音的感知，
就像自己挠自己时不会感觉痒一样。

妈妈做的饭也太难吃了。

咦？我刚说啥了？

没有感知副本，你就会被自己说的话吓到。
就会偶尔出现大脑"追不上"嘴巴的情况啦。

### 小狐兔贴士

#### 你平时会自言自语吗？

有些人在做事的时候，总是口中念念有词，这种自言自语在别人看起来很奇怪。其实只要确定不是因为精神障碍导致的自言自语，就没有问题，反而有一些优点呢。

1. 能缓解紧张，自己给自己打气；
2. 能更好地思考问题；
3. 能调节情绪，缓解内心焦虑。

所以，即使有时候忍不住自言自语，也不要觉得有什么负担，这是内心世界丰富的一种表现。

嗨！我是上学时最讨厌跑操的小狐兔。

明明出发前系紧了鞋带，
却总是两步松，五步散。

真想直接"咔嚓"。

有用的知识又增加了

想一边跑步一边听歌,

结果耳机掏出来……

真想直接"咔嚓"。

都是绳,你们就不能互补一下吗?

为什么系好的鞋带总是散开,
而理顺的耳机线却老是打结呢?
先来说说鞋带吧。

加州大学伯克利分校教授奥利弗·奥莱利通过拍摄跑步慢动作发现，

在跑步过程中，

触地

摆动

人会进行触地和摆动两类动作。

有用的知识又增加了

脚着地时,
鞋带由于惯性向上拉紧又放松。
摆动腿时,
鞋带头来回甩动。

由此产生了 7 倍的重力加速度,
把鞋带往外拉。
鞋带被甩来甩去,
摩擦力减小,
鞋带就会突然松开。

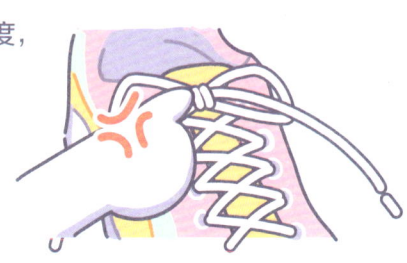

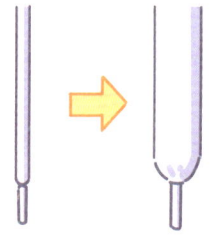

想让鞋带听话,
可以把圆鞋带换成扁平的鞋带,
这样能增加摩擦力;
或使用更轻的鞋带和鞋带头,
以减小惯性。

还可以换个打结方法,
用死结代替活结。

同样是一团线，
鞋带怎么就不能和耳机换换呢？

上车想听歌，
但是，已经到站了，耳机线还没解开。

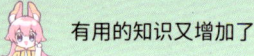

为什么耳机线这么容易"缠缠绵绵"?

加州大学圣地亚哥分校的两位物理学家做了研究,把不同绳子放进盒子摇动 10 秒钟,重复 3000 多次实验后观察得出:

超过 46 厘米

1. 绳子长度超过 46 厘米就容易打结,越长越乱;
2. 绳子越细软,越容易打结;
3. 在较小的空间里,绳子比较不容易打结。

这么看来,又长又软、总在袋子里晃悠的耳机线,确实容易"**剪不断,理还乱**"。

因此,可以将耳机放在小盒里,或用收纳绳固定,或者直接换无线耳机吧。

如果用耳机当鞋带,会产生怎样的效果呢?

**到底是"鞋带散开定律"强,还是"耳机打结定律"强呢?**

经过小狐兔实验,
耳机线作为鞋带也很容易散开,
因为耳机头太重啦。

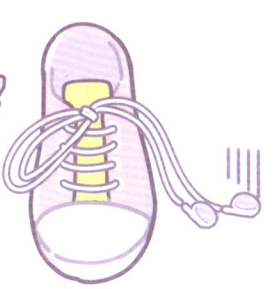

## 快和有同样困惑的朋友分享吧!

### 小狐兔贴士

**耳机种类知多少**

生活中常见的是有线耳机和无线耳机,其实耳机的种类不止这两种。耳机可以分为四类:

1. 覆耳式耳机;
2. 贴耳式耳机;
3. 入耳式耳机;
4. 耳塞式耳机。

## 一、鱼的记忆只有7秒

到底是谁在造谣我的记忆只有7秒！

有用的知识又增加了

虽然称不上记忆大师，
但早在 20 世纪 60 年代就有实验证明，
**鱼的记忆能持续几周、几个月甚至几年。**
它们能记住光照位置、能躲避电击，还不会忘记喂食方位。

会不会只是条件反射？

所以复习时千万别说自己像只金鱼，只有 7 秒记忆了。

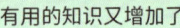

## 二、鲇鱼效应

传说，挪威渔夫会把鲇鱼放进鱼箱，
刺激懒洋洋的沙丁鱼游动闪躲，从而提高其成活率。

咱们连街坊都算不上。

这个传说错误实在太多了。
首先，沙丁鱼住在近海，
而鲇鱼生活在江河中。

其次,
鲇鱼是一种凶猛的
肉食性鱼类。

强行在沙丁鱼鱼箱中放入鲇鱼,
只会消耗水中的含氧量,加速沙丁鱼的死亡,
顺便让鲇鱼来顿"自助餐"。

嗯?难道这是鲇鱼的阴谋?

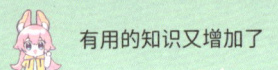

# 三、温水煮青蛙

据说，将青蛙放进沸水中，
它会立刻跳出来。
但如果将其放入冷水中慢慢加热，
它会察觉不到危险而被活活煮熟。

这个故事应该没人不知道吧。

居安思危的例子一大把，
　　非得拉我下锅吗？

其实直接把青蛙丢进沸水后，高温和蒸气会让它们瞬间失去行动能力，当场死亡。

可耐受的临界高温为 36~37℃

那超级缓慢地加热冷水呢？只要超过其耐受温度，青蛙会立刻跳出来，除非……

你玩不起！！

10米

鸵鸟遇险时把头埋进沙子、老鹰拔羽毛重生、斑羚飞渡……
你们还听过什么超离谱鸡汤？

有用的知识又增加了

## 小狐兔贴士

### 四肢发达的人头脑简单？

"四肢发达，头脑简单"这句话不知道误导了多少人，其实这句话或许起源于古代的刻板印象。从前，没有机会读书的人，一般会从事体力劳动，所以身体比较强壮，加上没有读过书，就会给人一种身体强壮，但脑袋不灵光的错误印象。

实际上，运动可以提高认知和记忆力，对大脑的发育有着十分积极的影响。

所以，"四肢发达，头脑简单"这句话是完全没有依据的。

啪！我是"蚊选之人"小狐兔。

天气一热，
我身上就永远带着几个蚊子包。

给！红包！别客气！

哪有蚊子？

痒死了！

和朋友们待在一起，
被蚊子咬的总是我。

**有用的知识又增加了**

每晚一开始睡觉,蚊子就在耳边嗡嗡嗡、嗡嗡嗡,开灯一顿操作,却打了个寂寞。啊!为什么蚊子总爱咬我啊?

你问我啊?
我可不是什么人都咬,
很挑剔的好吧。

蚊子主要是靠目标散发的气味和热量,寻找"下嘴对象"。

人呼出的二氧化碳,

汗液中的乳酸、氨基酸,

还有化妆品中的硬脂酸,
这些气味对蚊子来说,
都超有吸引力。

所以,呼吸急、新陈代谢快的小孩,

体温高、爱出汗的人,

有用的知识又增加了

还有总是香喷喷出街的靓仔靓女，都更招蚊子喜欢。

除此之外，蚊子的色觉对黑色最敏感，其次是蓝、红、绿等，

所以穿一身黑更容易被"盯"上。
同理，拥有健康的小麦肤色的人也更容易被咬。

## 那么,怎样才能不被蚊子咬?

### 第一,从源头下手

蚊子喜欢在水里产卵,水生植物、鱼缸、角落积水等,都是它们快乐繁衍的温床,所以一定要及时处理家中积水。

### 第二,挑选驱蚊产品

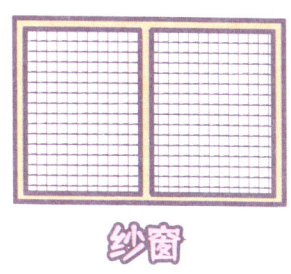 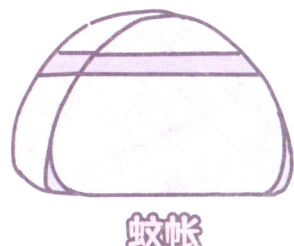 

纱窗　　　　　蚊帐　　　　　电蚊拍

可以选择物理防御。

有用的知识又增加了

电蚊香　花露水　驱蚊液

也可以选择化学防御。

避蚊胺　驱蚊酯

派卡瑞丁　柠檬桉醇

不管是哪种化学驱蚊产品，
认准这四种成分就可以了。
不过，儿童使用时要注意
成分是否适合，
用量也要符合标准。

如果实在躲不过蚊子的攻击，
不幸被咬，
可以用炉甘石洗剂、清凉油、
薄荷脑软膏等止痒。

别挠！越挠越痒。
也别掐十字封印啦，
咋不干脆下个五子棋？

### 小狐兔贴士

**使用驱蚊产品有哪些注意事项呢?**

夏季来临,蚊虫猖獗,难免不被送上几个大"红包"。家中常备一些驱蚊产品就显得十分必要了。市面上的驱蚊产品花样繁多,使用场景也各有不同。在选择驱蚊产品时有哪些注意事项呢?

1. 小朋友的身体尚处于发育阶段,应尽量选择物理防蚊产品,如蚊帐、纱窗、电蚊拍等。

2. 在使用含有酒精的驱蚊产品时,一定要注意远离火源。

3. 在使用传统蚊香等需要点燃的产品时,除了要注意远离易燃物,还要注意保证室内通风,以及不要在过于狭小的空间内使用。

4. 如果使用电蚊香液这种无烟但需通电的产品,在出门或者不用的时候,一定要记得断开电源哦。

大家好！我是"叮子户"小狐兔。

到了夏天，

我就拥有了——"蚊身"。

全身大大小小、
奇奇怪怪的包，
特别是叮到手指、脚心和脸的包，

有用的知识又增加了

为难我的小·短手。

巨——痒无比，
忍不住想挠挠挠。
你们也会这样吗？

这些都是我的荣誉勋章。

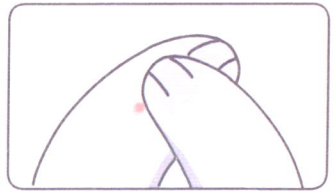

但挠挠一时爽，
挠后处处痒。

不仅痒而且肿，
不仅肿还留疤。

到底为什么被蚊子咬了会这么痒？
而且越挠越痒？

嗨!还是我,"红包"大佬。

**开灯隐身**      **暗中突袭**

吸溜!吸溜!呸!

抠门!不就吸你一点儿血。

你还吐了啥?!

没啥。

口水。

再给你一次机会!

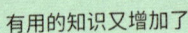

这口水能麻醉，还抗凝血，很好用的好不啦！

 我可不这么觉得。每次你来，我都得加班。

蚊子的"入侵"会触发免疫系统，
分泌大量组胺，
结合组胺受体，
形成痒信号。

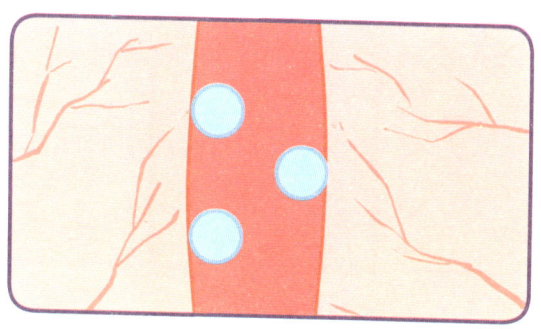

组胺会扩张毛细血管,形成红色的蚊子包,
同时刺激感知神经细胞,带来瘙痒的感觉。

## 痒 免疫反应
### 自我保护

所以"痒"是身体做出的免疫反应,
也是自我保护的本能。
当然,有时候也会"反应过度"。

这会不会有点夸张!

有用的知识又增加了

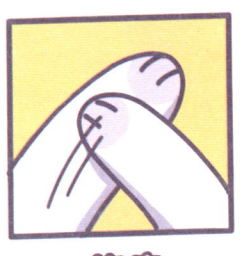
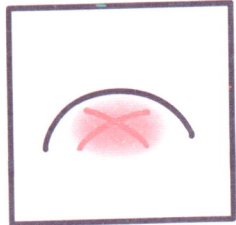
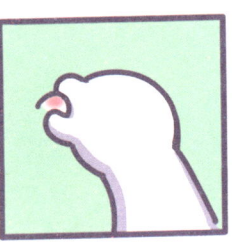

挠痒　　　抠十字　　　掐蚊子包

这些"搔"操作短期内能缓解瘙痒，

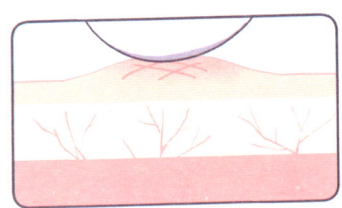
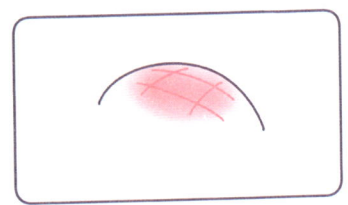

但对皮肤的挤压会刺激神经末梢，

加速组胺释放，

肿包就会越挠越红、

越挠越痒。

挠破皮肤还可能引发感染,伤口难以愈合。

 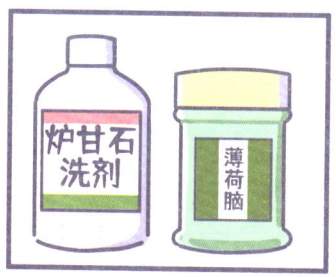

想止痒,可以靠**冰敷**和**药品**哦。

有用的知识又增加了

### 小狐兔贴士

**你知道这些关于蚊子的小知识吗？**

蚊子的寿命较短，在自然条件下，雄蚊交配后7~10天死亡，雌蚊可以存活1~2个月。

只有雌蚊吸血，因为雌蚊要靠吸血来使卵巢发育。

蚊子会传播多种疾病，如疟疾、丝虫病、脑炎，等等。

蚊子主要在水中繁殖，所以消灭蚊子的根本方法是彻底清理家中积水的角落。

嗨！我是只吃蒜蓉味小龙虾的小狐兔。
夏天吃夜宵，
怎么能没有小龙虾？
你们都喜欢什么口味？

吃独食最爽啦！

虽然小龙虾是最好的社交食物，
但我还是喜欢一边看视频一边吃。

有用的知识又增加了

狐兔油田

但每次吃小龙虾时，明明戴了一次性手套，不一会儿还是满手沾油。手上的油是哪儿来的？

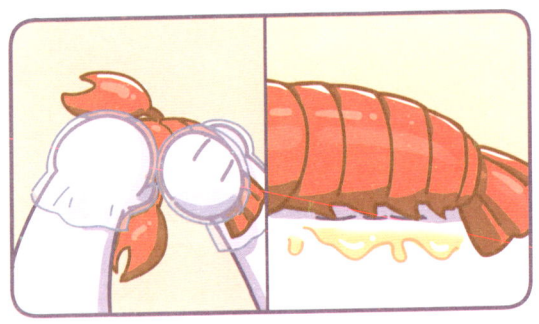

剥壳时，
虾钳和虾壳会刺破薄薄的手套，
留下肉眼看不见的小洞，
油汁就这么乘虚而入了。

看我油得发光！

那为什么有时候明明戴了好几层手套,

最后还是满手油?

戴了,感觉还不如不戴。

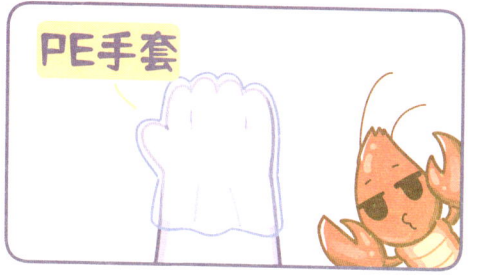

这是因为吃小龙虾时用的是 PE 手套。

PE 手套的主要成分是聚乙烯

 够透明 易分解  高分子 分子间距大

**有用的知识又增加了**

没人拿我们当回事，他们说戴了我还不如不戴。

根据相似相溶原理，分子结构相似的物质会互溶。

宝，你看我们这么像，都是非极性，上辈子肯定是一家，行个方便。

不行！不行！

这可"油"不得你！

有什么好办法呢？

## 一、勤换手套，或者多戴几层

趁油不注意，
迅速换一双。

## 二、换 PE 手套的"兄弟"PVC 手套

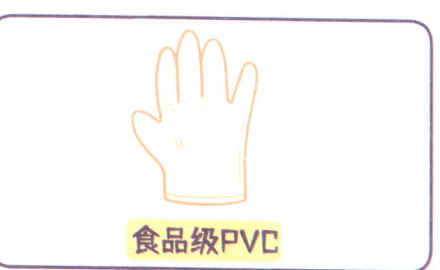

它们的分子结构更紧密，
隔油污效果更好。

剥虾体验感一流。

### 三、找人帮我剥不就行了嘛

### 小狐兔贴士

**日常生活中使用保鲜膜应该注意什么？**

生活中免不了会用到保鲜膜，干净又方便。但是在使用保鲜膜时也有一些注意事项。

现在市面上的保鲜膜主要有 PE、PVC 和 PVDC 三种材质，其中，PVDC 材质耐高温的能力更好一些。

购买的时候一定要认准正规品牌，购买带有 QS 标志的产品。

多数保鲜膜都不耐高温，最好不要放进微波炉加热，也不要用来包裹过热的食物。

保鲜膜为一次性用品，尽量不要重复使用。

作为一只南方兔,
晒被子是对晴天最大的尊重。

哪里有阳光,
哪里就会"长"出被子。

大家好,我是一床棉被。
也没什么特别的,
不过是一床被太阳晒过的,
香香软软、暖和蓬松的,
正好适合入秋降温,
自带"黏性"的被子罢了。

有用的知识又增加了

被子里的螨虫都烧焦了。
这股焦味，
就是让你上头的"太阳味"。

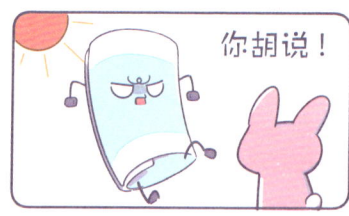

日照温度最多杀死尘螨，
要晒干晒焦起码得 50℃。

被子上的全部螨虫加起来也就几毫克，蛋白质就更少了，根本闻不出来。

如果火候合适，尘螨就是烧烤味，烤过火就是焦臭味，和好闻一点关系也没有！

既然不是螨虫的味道，那晒被子后的香味到底是哪儿来的？

有用的知识又增加了

科学家通过对比实验发现，
"太阳味"来自纺织品在阳光照射下，
进行光化学反应，
产生的醛、酮等有机化合物。

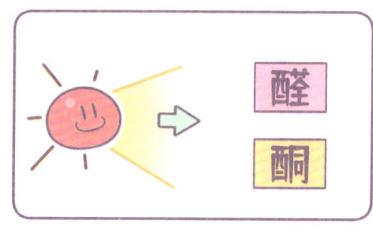

比如，有果香和烘烤香的2-甲基丙醛、有花香味的甲基丙烯醛、有巧克力味的2,3-甲基呋喃（fū nán）。

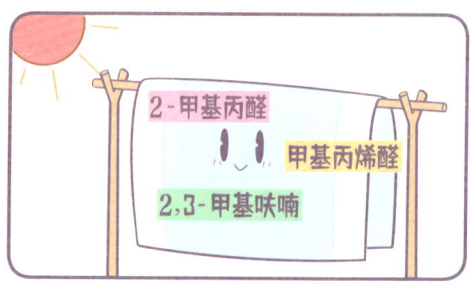

它们也是香水的原料,即使只含有少量,也能被轻松闻出来。

产自天台的日晒被,有迷人的果香、花香。

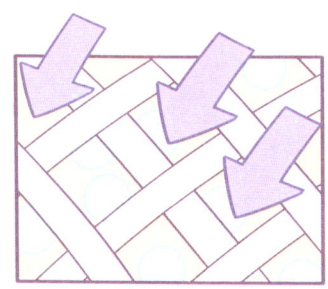

而且晒被子时,紫外线会使被子里的氧气化学键断裂,形成低浓度的臭氧,也会散发出奇妙的气味。

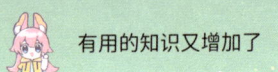

当然，材质、使用习惯不同，被子也会有不同的味道。

## 下次找个晴天一起晒被子吧！

## 小狐兔贴士

### 晒被子的学问

因为长期和我们的身体亲密接触,被子里面会留存汗液、皮屑、灰尘,等等。所以要勤换洗床单和被套,还要定期晾晒,以达到透气、除湿和杀菌的作用。

但是晒被子并不是温度越高越好。而且过于频繁的晾晒会加速被子的老化,尤其是羽绒被、羊毛被这种透气性、透湿性比较好的被子,不适宜长时间暴晒,在阴凉通风处晾一个小时就可以啦。如果一定要在阳光下晒,可以在被子上面铺一层薄薄的布。

有用的知识又增加了

书看完啦,休息一下吧,以后再跟小狐兔学知识。

# 参考文献

[1] 高振鹏，岳田利，袁亚宏，等. 苹果汁中展青霉素的超声波降解［J］. 农业机械学报，2009（09）:138-142.

[2] 贺玉梅，贾珍珍，董葵，等.展青霉素产生菌产毒性能研究［J］. 中国卫生检验杂志，2001（03）:302-303.

[3] 任重阳，陈贵海，张梅. 腺苷系统对睡眠调节作用的研究进展［J］.中华神经科杂志，2018（8）:634-637.

[4] 易超然，卫中庆. 咖啡因的药理作用和应用［J］. 医学研究生学报，2005（03）:270-272.

[5] 王潭，席娜娜，郑荣远. 咖啡因作为中枢腺苷受体拮抗剂的应用［J］. 国际药学研究杂志，2009（04）:249-253.

[6] 孙语圣.新生活运动再审视——从卫生防疫角度［J］.安徽大学学报（哲学社会科学版），2005（03）:101-106.

[7] 符肇秋.新中国初期爱国卫生运动研究［J］.西部学刊，2021（10）:143-145.

[8] 穆迪,邓娟,孙衍刚.痒觉的中枢环路机制［J］.前沿科学，2018,12（01）:72-77.

[9] 朱礼华，赵彤言，陆宝麟．蚊虫唾液腺的研究进展［J］.寄生虫与医学昆虫学报，2002（03）:178-186.

[10] 马兴铭，丁剑冰. 医学免疫学［M］. 北京：清华大学出版社，2013.

[11] 王荣华. 你为什么总被蚊子叮[J]. 健康生活，2014（07）:62.

[12] 桂祖桐. 聚乙烯发展简史[J]. 齐鲁石油化工，1990（03）:54-56.

[13] 邢其毅. 基础有机化学：第3版[M]. 北京：高等教育出版社，2005.

[14] 陆刚. 聚乙烯塑料性能特点及其注塑工艺详解[J]. 塑料包装，2017（06）:51-54.

[15] 沈莲,孙劲旅,陈军. 家庭致敏螨类概述[J]. 应用昆虫学报，2010，47（6）:1264-1269.

[16] Daly J W, Padgett W L, Shamim M T. Analogs of caffeine and theophylline: effect of structural alterations on affinity at adenosine receptors[J]. Journal of Medicinal Chemistry, 1986, 29：1305-1308.

[17] Nadel E R, Horvath S M. Peripheral involvement in thermoregulatory response to an imposed heat debt in man[J]. Journal of Applied Physiology, 1969, 27（4）:484-491.

[18] Frank S M, Raja S N, Bulcao C, et al. Age-related thermoregulatory differences during core cooling in humans[J]. Am J Physiol Regul Integr Comp Physiol, 2000, 279（1）: R349-R354.

[19] Carey B. What Is the Evolutionary Purpose of Tickling?[J]. Popular Science, 2011, 278（1）: 81-82.

[20] Duvall L B, Ramos-Espiritu L, Barsoum K E, et

al. Small-Molecule Agonists of *Ae. aegypti* Neuropeptide Y Receptor Block Mosquito Biting [J]. Cell, 2019, 176（4）:687-701.

[21] Bristowe W S. Man's Reaction to Mosquito Bites [J]. Nature, 1946, 158: 750.

[22] Papoiu A D, Coghill R C, Kraft R A, et al. A tale of two itches. Common features and notable differences in brain activation evoked by cowhage and histamine induced itch [J]. NeuroImage, 2012, 59（4））:3611-3623.

[23] Sun Y G, Chen Z F. A gastrin-releasing peptide receptor mediates the itch sensation in the spinal cord [J]. Nature, 2007, 448:700-703.

[24] Jason D. Why do mosquito bites itch? [J]. Outside, 2007, 32（3）: 34-34.

[25] Pugliese S, Jespersen M F, Pernov J B, et al. Chemical analysis and origin of the smell of line-dried laundry [J]. Environmental Chemistry, 2020, 17（5）.

图书在版编目（CIP）数据

有用的知识又增加了.I.小狐兔漫画科普·生活小科普/在下小狐兔著.—西安：陕西科学技术出版社，2022.12
 ISBN 978-7-5369-8592-6

Ⅰ.①有… Ⅱ.①在… Ⅲ.①科学知识—青少年读物②生活—知识—青少年读物 Ⅳ.①Z228.2

中国版本图书馆CIP数据核字（2022）第203861号

有用的知识又增加了·小狐兔漫画科普·生活小科普
YOUYONG DE ZHISHI YOU ZENGJIA LE · XIAOHUTU MANHUA KEPU · SHENGHUO XIAO KEPU

在下小狐兔 著

| | |
|---|---|
| 责任编辑 | 郭敬琦　孙媛媛 |
| 策划编辑 | 许　峥　孙敬聪 |
| 封面设计 | 任晓宇 |
| 内文排版 | 麦莫瑞文化 |

| | |
|---|---|
| 出 版 者 | 陕西新华出版传媒集团　陕西科学技术出版社<br>西安市曲江新区登高路1388号陕西新华出版传媒产业大厦B座<br>电话（029）81205187　传真（029）81205155　邮编710061<br>http：//www.snstp.com |
| 发 行 者 | 陕西新华出版传媒集团　陕西科学技术出版社<br>电话（029）81205180　81206809 |
| 印　　刷 | 三河市兴达印务有限公司 |
| 规　　格 | 880mm×1230mm　32开本 |
| 版　　次 | 2022年12月第1版<br>2022年12月第1次印刷 |
| 印　　张 | 6.75 |
| 字　　数 | 85千字 |
| 书　　号 | ISBN 978-7-5369-8592-6 |
| 定　　价 | 104.00元（全二册） |

**版权所有 翻印必究**
（如有印装质量问题，请与我社发行部联系调换）